日本の修史と史学

歴史書の歴史

坂本太郎

講談社学術文庫

序

日本には、むかし、どんな歴史の本があったか、著者は、どんな目で歴史を眺め、どんな態度で歴史を書いたか、また、歴史事実をどのくらい正確に伝えているか、その間に、歴史の学問がどのように進んだか、といったようなことを、時代を追って書いたものがこの本です。

これまで、このような内容のものは、史学史という名で公にされていました。しかし、どうもそれでは、羊頭狗肉の感がするので、正直に、修史と史学という書名にしました。いくらか内容に近づいていると思います。

それにしても、全体の出来が悪くて、繁簡精粗まちまちであることが、気になります。古代と近代とが簡にすぎ、中世と近世とがくどいようです。自分の勉強の足りないところは、何ごとも珍しくて、あれもこれも書きたくなるものです。そして、つい一つの事にこだわって、広く大局を見わたすことができません。ぜひ触れねばならぬ大切な書物や人をおとしているところが、たくさんあると思います。

この本は、専門家に見ていただくものではなく、広く一般の読書人に、気らくに読んでいただくために書いたものです。ですから、できるだけ、わかり易く書くことにつとめました。

表現はやさしくても、内容は一おう学者の研究したものによっているつもりです。わたくしがみずから調べて、自説を述べている所もありますが、先学の説を用いさせて頂いている所もたくさんあります。そういう場合は、一々出典を明記して、先学に敬意を払うべきでありますが、啓蒙書にこちたき註を並べることは「花見る人の長刀」という気がするので、すべて省きました。非礼をおゆるし下されば幸いです。

昭和三十三年十月

坂本太郎

目次

日本の修史と史学

歴史書の歴史

一　政府が歴史を編修した時代

1　歴史書のめばえ

過去をふりかえって、こんにち及び将来の参考にする。参考にしないまでも、むかしを思い出して、たのしんだり、悲しんだりするのは、人間のしぜんの心情であって、これが歴史意識を形づくる根本の要素であることはまちがいない。だから、歴史意識は人間とともにあるものであり、いつから始まったかなどとせんさくするのはむだである。

けれど歴史の書物となると、事情がちがう。書物が現れるのには、いろいろの条件が必要である。何よりも言葉を文字であらわす方法が自由にこなされていなければならぬ。また文字で記録しようという意欲をおこさせるだけの内外の刺戟が成熟しなければならぬ。筆録の方法がととのえられ、筆録の必要が認められたとき、はじめてこれまで口から口へ伝誦されてきた昔の物語が、何らかの形に整理せられ、成文化される。歴史書がここにめばえるのである。

日本で、以上のような条件がそろい、歴史書の卵が現れたのは、西暦六世紀の前半、継体天皇・欽明天皇の頃であったらしい。この頃には、漢文字が日本に伝わってから相当の時を経ているので、知識人は漢字の音や訓を使って日本語を表現する術に習熟していたことが、たまたま今日に伝わる若干の金石文から察することができる。また国家はこの時代に内憂外患でくるしんだ。皇室は多年にわたって骨肉の争をつづけたうえに、皇子のない天皇が二代も出たので、皇位をつぐ人にも事を欠くほどのさびしさとなり、武烈天皇の後には方々に皇族の子孫をさがして、ついに越前《えちぜん》の三国《みくに》から応神天皇五世の孫という継体天皇を立てるしまつであった。朝廷に仕える豪族たちの間にもあらそいがはげしく、それが国家の対外政策の分裂をもきたした。むかし住吉大神《すみのえ》が応神天皇に授けたと信ぜられた朝鮮南部における日本の宗主権は、新羅の興隆、百済の離叛のために、継体天皇の頃からしだいにあやうくなり、欽明天皇二十三年には任那日本府の滅亡という、古代日本の対外政策の失敗の最初の決定的事件に逢着したのである。

国家の、このような内憂外患は、時の為政者に、歴史への反省を深めさせたにちがいない。いまの衰えに比べて、昔の盛んな頃を思い起し、喜びともし、悲しみともしたであろう。そして、今後の発展への願をこめて、自分たちに伝えられた昔物語を後の世に残そうともしたであろう。親から子へ、子から孫へと、口々に伝えられて来た昔の物語が、ここに文字で記録せられる機運が熟したのである。この時記録せられたものが、日本に現れた歴史書の最初のものであった。その名を『帝紀《ていき》』といい、『旧辞《きゅうじ》』といった。

『帝紀』と『旧辞』

『帝紀』はべつに『帝皇日継《ていおうひつぎ》』ともいい、わかりやすくいえば天皇の系図である。歴代の天皇の名、父母、皇子女、后妃、在位年数、宮都ならびに山陵の所在などを簡潔に記したものである。『旧辞』はべつに『本辞』または『先代旧辞』といい、いろいろの昔物語である。神々の物語をはじめとして、天皇・英雄の事績、男女の相思求愛の物語、地名の起原、歌謡の由来などのはなしを集めたものである。

この二つの書物は、いまは残っていない。ただ『古事記』と『日本書紀』は、この二つの書物を主要な材料として作られたものであるから、『古事記』と『日本書紀』からそれらの大体を推測することはできる。げんに学者によって推測説がいろいろ出されているけれど、ここではそんなこまかいことをせんさくすることはよそう。ただ一言述べておきたいことは、二書の筆録ははじめは宮廷で行われたにちがいないが、のちには大きな氏族などでもこれを写したり、独自の伝承を加えたりしたので、宮廷はもとより諸家でもこれを所有するようになったことである。そして、それらの間には異同がたいへん多く、どれが正しいのか判別できないほどに混乱してしまったのが、筆録後およそ百年の間に生じた現象であった。天武天皇は、この『帝紀』・『旧辞』の混乱を正しい姿にかえそうとして骨を折ったが、それが後に発展して一つの書物となったものが『古事記』であり、『日本書紀』であった。

『天皇記及国記臣連伴造国造百八十部并公民等本記』

『古事記』と『日本書紀』のことは、次に述べるつもりであるが、それらの前に、聖徳太子の書いたといわれる歴史の現れたことについて一言しよう。聖徳太子は推古天皇の摂政として、はなやかな文化立国の政策を推し進めたが、推古天皇二十八年（西紀六二〇）に、蘇我馬子とはかって「天皇記及び国記、臣連伴造国造百八十部并《ならび》に公民等本記」を録したという。たいそう長たらしい名前であって、まとまった書物の名であるかどうか疑問であるが、ともかく歴史書であることはまちがいない。しかもこれまでの『帝紀』・『旧辞』を克服しようとする新しい意味をもったものと私は考える。

なぜならば、これまでの『帝紀』に対し、とくに『天皇記』と天皇の号を用いたことの意味である。天皇という称号は、中国の皇帝に対して日本の主権者の独自の性格を示すために、とくに聖徳太子がえらんだものではあるまいかという想定説を私はもっている。隋への国書や、法隆寺金堂の仏像光背の銘文などで知られる通り、日本で天皇という称号の用いられたのは、推古朝の聖徳太子関係の物にちなんではじめて見られるからである。そこで、歴史の書名として、この新しい天皇の称を使ったのは、その書が、中国の皇帝とはちがう日本の天皇の歴史を書いたものであり、また旧来の『帝紀』とはちがう新しい歴史を書いたものであるという抱負を寓したものであろうと見るのである。

『国記』についても同様である。これまではたんに『旧辞』であって、国という観念は表にあらわれていない。しかし、ここには国家の歴史が構想せられたのである。太子の十七条憲法にはたくさん国家という文字が使われていて、国家観念のいちじるしい高揚が見られるが、その精神が歴史の書名としてもあらわれたのである。この『国記』を後世の地方行政区画の国の意義に解して、風土記のようなものだと説く学説が案外ひろく行われているが、それは恐らく見当ちがいであろう。天皇の歴史、次には国家の歴史と並ぶのは、古代思想として順当な序列であると思う。

ついでに、『臣連伴造国造百八十部幷に公民等本記』についても、学者の説はいろいろだが、私はこれをもって貴族から庶民に及ぶ国民の全階層をいみした言葉であると考える。そして臣連伴造のおもな者については、系譜ようの歴史を書くことはできたにしても、一般の庶民についてまで書くことは恐らく不可能であったと思われるから、この書名は、国民のすべてを含む歴史を書くという理想の表明にとどまって、実際にはでき上がらなかったものと考える。理想としても、これまで漠然と『旧辞』としか表現できなかった昔物語に対し、対象範囲を明確にした個々の歴史を想定したことが、歴史叙述の進歩として、いかに大きなものであるか、いうをまたない。

歴史叙述の進歩といえば、この書物にはいま一つのいちじるしい進歩があった。それは年代観念を取入れ、古代史の年紀をうち立てたことである。『帝紀』・『旧辞』には、事実を年時にかけて記すという観念がなかった。在位が何年という類の年数の観念はあったが、特定の時点にかけて事実を記してはいない。時点を明確に伝えてはいなかったのである。けれど、歴史書にとって時点が明らかでないというのは致命的な欠陥である。太子はその書こうとする『天皇記』・『国記』に年紀を設定し、時点にかけて事実を記したのである。

それには、欽明天皇や推古天皇のとき、百済から暦博士と暦本とが貢上され、推古天皇のときには日本でも暦法に通ずる人が出たように、暦の知識の普及したことが、だいじな条件となったのである。それにともなって讖緯説《しんいせつ》という宿命論的な迷信が知識人の間に信じられた。干支一運六十年を周期として運命はうつりかわる。とくに辛酉《かのととり》は革命《かくめい》、甲子《きのえね》は革令《かくれい》の年で、国家の大変革がある。六十年の二十一倍、千二百六十年を一部《いっぽう》といい、とりわけ大きな変革があるというたぐいである。年代をくると推古天皇九年（西紀六〇一）は辛酉にあたる。そして『日本書紀』に記された神武天皇即位の年はそのちょうど一蔀まえの辛酉（西紀前六六〇）にあたる。この讖緯説にもとづいて、日本国家の最大事件である神武天皇即位の年を、いまの世より一蔀まえの蔀首《ほうしゅ》の辛酉におき、以下それぞれの歴代にあった年紀を立てたのは、聖徳太子か、またはその周囲にあった知識人のしわざであると、私は推測するのである。そして、その年紀は『天皇記』・『国記』にもりこまれたにちがいないとにらむのである。

『天皇記』・『国記』は、皇極天皇四年（西紀六四五）蘇我が滅びたとき、蘇我の家にあって焼け失せた。船史恵尺《ふねのふひとえさか》が焼けた『国記』を取って中大兄皇子に献じたということであるが、後世これらの書物は片鱗も残っていない。そこで、その内容を憶測する学説があれこれと出されていることは、先にもふれた通りであるが、私見のあらましはここに述べたようなものである。

ともあれ、『帝紀』・『旧辞』はのちに発展して『古事記』と『日本書紀』とになる。『古事記』

は『帝紀』・『旧辞』を直接にうけていて、介在物はないようであるが、『日本書紀』には『帝紀』・『旧辞』から『天皇記』・『国記』をへて伝わって来た道がおぼろげながら想定される。『日本書紀』などという書物は、けっして突如としてあらわれたものではないのである。

2　『古事記』と稗田阿礼

『古事記』は『日本書紀』とともに、日本最古の史書として世に知られている。最古というのは、げんみつにはあたらないが、まとまって現存するという限定をつければ、まさにそうである。

両書は、完成の時がわずか八年しかへだたっていない。そして、ともに神代から説き起して、歴代天皇と国家の歴史を述べている。似たようなものでありながら、しさいに見ると、またたいへんちがっている。一方はわずか三巻の小さいものであるのに対し、他方は三十巻という十倍の分量である。一方は素朴な物語を国語で記しているのに、他方は中国の史書の体をまね、歴史記録らしいものを堂々とした漢文で記している。遠くから見れば、似かよった兄弟であるが、近よって見れば、ぜんぜんちがう二人であるというたぐいである。

では、このような兄弟がどうしてあらわれたのであろうか。生みの親は同じであるが、生まれ方と育ち方とがちがったからである。生みの親は天武天皇、それから持統・文武・元明・元正とつづいた四天皇の時代が、両書の性格の差をつけた、だいじな哺育《ほいく》のときであった。

天武天皇は大化改新の完成者であった。大化改新は、大化の五年間に、ほぼ大綱を実施したが、遺漏した所や行きとどかぬ所が、なおたくさんあった。その上に、大化から十年の後に、朝鮮半島で百済の滅亡という大事件がおこり、国家の総力をあげて、これを助けた日本が、唐と新羅の連合軍に打破られて、半島から全く手を引くという事態に立ち至った。この騒ぎで、改新は停頓《ていとん》し、天智天皇のときには、改新を逆転させるような政治まで見られた。天智天皇の皇子との争いに勝って皇位についた天武天皇は、改新政治の復興に全力を注ぎ、改新の精神を貫徹し、かつ国情を考えて実施した。

改新は、その具体的な方策をもっぱら唐の制度の輸入にあおいだが、根本の精神には、日本の上古の理想的な時代に復帰するという考えがあった。したがって、歴史が強く回顧せられた。改新の完成者である天武天皇が、国初以来の歴史を編修し、改新の歴史主義に結末をつけようとしたのは、まことに自然のことであったといえよう。

『古事記』の成立

天皇はまずその歴史編修のしごとを、古来伝わった『帝紀』・『旧辞』の整理からはじめた。諸家のもっている『帝紀』・『旧辞』には異説が多かったので、正しいものを天皇みずからえらび出そうとしたのである。それには舎人《とねり》の稗田阿礼《ひえだのあれ》という者が助手として使われた。舎人は天皇の側近にいて雑用にあたった下級の役人である。どうして、そんな下級の役人で、文筆に縁もなさそうに思われるものが、この役にえらばれたのか。阿礼は聡明で、一ぺん聞いたことは忘れない人であったからだと云われている。たしかに、物おぼえのよいことはだいじな資格であろうが、それだけでこの大役にえらばれたのであろうか。何だか少しお話めいた感じがする。前から云っている通り、『帝紀』や『旧辞』は紙に書いてあるものであるから、その正しいものをえらぶというのは文献の整理であって、諳記《あんき》だけにたよらねばならぬことではないのである。

私の想像では、稗田阿礼は聡明であったことのほかに、舎人であったということに大きな意味があったのではないかと思う。天武天皇が皇位についたのには、先にものべた通り、天智天皇の皇子大友皇子との決戦をへなければならなかったが、そのとき大友皇子には大臣以下の貴族大官が味方したが、天武天皇には腹心の舎人がつき従ったばかりであった。しかし舎人たちのめざましい働きで、天皇は有利に戦を進めることができた。天皇は即位後舎人の功労を多とし、彼らを優遇するいろいろの施策を立てた。舎人たちもまた彼らの支持した天皇の成功を喜び、献身の誠をかためたであろう。天皇と舎人とはかたく結ばれ、身分の差をこえて、両者の心事は深く通ずるものがあったと思われる。『帝紀』・『旧辞』の整理を阿礼に命じたのは、この天皇と舎人との関係によって説明されるのではなかろうか。

阿礼のしごと

稗田氏は天鈿女命《あめのうずめのみこと》の後裔と伝える猿女君《さるめのきみ》の一族である。天鈿女命は、天照大神の岩戸隠や天孫降臨の際に活躍した神であって、それは猿女君が宮廷の神事に奉仕し、古代伝承を豊かに伝えた氏族であったことを意味する。阿礼は、一面ではこのように古代伝承にゆかりの深い氏の人として、天皇の信頼にこたえ、『帝紀』・『旧辞』の正説をえらぶ仕事に協力したのであろう。

しかし、この仕事はむずかしかった。天皇の明断と阿礼の輔翼とでも、一つの正説を定めることは容易ではなかった。そして、事業の停滞している間に、天皇にはおのずから別箇の構想がわいたのである。それは、この事業を阿礼の助力だけにたよることをやめ、政府の行う公的な事業として、皇族・貴族たちの有力者の合議によって進めることにきりかえることである。恐らく、これは天皇が『帝紀』・『旧辞』の整理だけでは満足せず、もっと整った歴史を編修しようとする意欲を深めたことからみちびかれたものであろう。また一つには、この大事業を舎人だけの参加によって行うことへの反対が高まったこと、天皇みずからもそれに対する反省を加えたこと、などの理由もあったであろう。天武天皇十年（西紀六八一）大極殿で行われた『帝紀』・『旧辞』記定事業の開始は、政府事業としての歴史編修の第一歩であって、後年『日本書紀』として結実したものの初めは、ここまでさかのぼられるのである。

天皇の関心は政府事業としての『帝紀』・『旧辞』の記定の方に移ったが、それも完成しないうちに、天皇はなくなってしまった。そして阿礼の事業は全く人に知られなくなったが、阿礼を中心とする若干の舎人の間では、その仕事をつづけたのではあるまいか。それは政府の公的な修史事業が行われるのに対して、自分たちの立場での、歴史を編修しようという抱負にかられて行なったものではあるまいか。それは、長い、根気のいる仕事であった。天皇は、天武天皇から、持統・文武・元明と四代にもわたった。関係した舎人たちもしだいに世を去って行った。阿礼も老境に入り、自分の仕事のそのまま世にうずもれてしまうことを悲しみ、元明天皇に事情を訴えて、後世に伝える方策を願ったのであろう。元明天皇は天武天皇の皇太子草壁《くさかべ》皇子の妃であったから、天武天皇の苦心も知っていたのであろう。阿礼の願をいれて、阿礼の整理した『帝紀』・『旧辞』を、改めて当代一等の文学者太安麻呂《おおのやすまろ》に命じて、字句などを直し、書物とさせたのであろう。安麻呂はこれを三巻として、和銅五年（西紀七一二）正月二十八日、天皇に上《たてまつ》った。これが『古事記』である。

こんにち、げんみつな学問的な立場から、『古事記』の性格を規定するならば、民族的な叙事詩とでも称するのが、もっともふさわしく、歴史ではなくて、文学であろう。けれど、これをあらわした人の立場に立って考えるならば、それは歴史書のつもりであったと、私は思う。その頃の歴史というのが、実は文学と判然わかれたものではなく、伝承もふくみ、フィクションもいれている。けれど、大筋からいえば、昔をかえりみ、昔のことを後に伝えようとして、書き集められたものであるから、その動機について、これを歴史ということができるのである。ちょうど、昔の法律が道徳や礼とはっきり分かれていないが、ときの人はこれをりっぱな法と考えていたのと同じである。

特色

それならば、歴史書としての『古事記』の特色は、どういう所にあるか。第一は、どこまでも天皇を中心とした歴史であるということである。天皇の一代一代について、都の場所、后妃と子女の名、おもな事績、年齢、山陵などを記しているほか、その天皇の血統の神聖と統治権の正しさとを、神の代の神々の定めによるものとして、神々の事績に多くの筆を費していること、多くの氏族がその祖先をこれらの神々や天皇・皇族においていて、いわば、天下の諸氏はみな天皇を中心とする一大血族の中に包含されるようになっていることなど、その具体的なあらわれである。第二は、歴史書としては、きわめて素朴幼稚な段階にあるので、時点をあらわす観念がない。時の経過を年数や年齢であらわすことはしているが、それがいつであるかという時点は全く明らかにされていない。そしてまた伝説やフィクションを事実であるかのように記している。第三に、だから、ここに記されていることが額面通りに事実をあらわすものとは解せられない。けれども、その背後にある思想・社会、そこに使われた言語・文字、そこにあらわれている生活の様式・慣習などは、げんぜんたる事実であるから、その面での貴重な歴史である。本居宣長がこの書をもって「あるが中の最上《かみ》たる史典《ふみ》」と尊んだのも、このいみにおいて解すべきである。

『古事記』の史書としての性格は、『日本書紀』のそれと比較して見るとき、一そうよくわかる。両者の形の上での比較は前にも少し述べたが、内容に立ちいっても、その相異はいちじるしい。形の上では『古事記』は『書紀』に比してあきらかに素朴であるから、内容も素朴で、整っていないように見える。たしかに、そういう面があるが、つねにそうであると思うと、まちがってしまう。天皇中心に徹していること、皇統の尊厳を説くことに一貫していることでは、『古事記』の方が整っている。神代の物語、たとえば国生み、天孫降臨などでは、『書紀』の諸説に比べて『古事記』の説がもっとも発達した段階にあることを示しており、諸氏の祖先を皇室系図の中にくみ入れることについても、『古事記』の方が『書紀』よりはるかにくわしい。うわべは幼稚なようでいて、この点にかけては、どうしてなかなか進んだ見識をもっている。これは『古事記』が、その成立の事情において、天武天皇のじきじきの考えを入れており、また天皇に至純の忠誠をささげた舎人たちの熱心な整理を経たからではないかと、私は考える。『記』・『紀』の比較において、この点は注意すべきところである。

このような点を強調するあまり、『古事記』はその序文にいうように和銅五年にできたものではない、『書紀』より後にできたものだとか、平安時代になって偽作したものだとかの説を出した人もある。しかし、私は、それらはしいて異を立てるものだと考える。序文をそのままに信じて、少しも差支ない。和銅五年にできた、現存する日本最古の史書とするのに、何らのためらいをも感じないのである。

3　『日本書紀』の立場

『日本書紀』の成立

『日本書紀』は養老四年（西紀七二〇）五月、舎人《とねり》親王が勅を奉じて撰進した史書であって、すべて三十巻、帝王系図一巻をそえていたという。本文の三十巻は幸いに完全に伝わったが、帝王系図は伝わらない。また、『古事記』やほかの国史が序文なり上表文なりをもっているように、本書にもあったのであろうと思われるが、それも伝わっていない。したがって、この書の成立の事情は、外部の史料から推察するよりほかはない。

『日本書紀』撰述のはじめは、天武天皇十年（西紀六八一）の『帝紀』・『旧辞』の記定事業にありと、一般に解せられていて、私もそれに賛成である。ただし、これはどこまでも事業のみなもとにさかのぼった場合のいい方で、個人の著書のように、このときにすでに大体の構想や、書物の名などが定まっていたというのではない。公の機関でおこなう編修事業は、準備や史料の蒐集や体例の検討に多くの時間をかけ、複雑な推移をたどるのが普通である。天武天皇十年には、後に『日本書紀』となって実を結んだような史書の構想は恐らくはまだ立てられていず、その材料となった『帝紀』・『旧辞』の整理が当面の仕事であったのである。ところが天武天皇の在世中は、この整理すら完成せず、次の時代にもちこされた。持統天皇は、五年（西紀六九一）大三輪氏など十八の氏族に先祖の墓記《ぼき》を上進させた。これはそれらの氏の先祖の行跡を調べるためであろうから、『帝紀』・『旧辞』では不十分な部分を補おうという精神のあったことが推測される。また元明天皇の和銅七年（西紀七一四）には紀《きの》清人《きよんど》・三宅藤麻呂《みやけのふじまろ》の二人に国史を撰ぶ命を下した。これは『古事記』ができ上った後二年めのことであるから、『古事記』ではものたらないと感じた天皇が、天武天皇以来の政府としての歴史編修事業をここで推進して、新時代にふさわしいりっぱな歴史を作ろうとしたものであろう。せまいいみでいえば、この和銅七年をもって『書紀』撰述の始めともいえようが、それは決してこのときににわかに思い立たれたものではなく、天武天皇以来の事業がほそぼそとつづいており、それに一大転機を与えて本腰に編修に着手したのが、このときなのであろうと思う。そして、それから六年、養老四年に完成したのである。

書名

『日本書紀』は、国初から持統天皇までに及ぶ、日本の国の歴史である。天皇中心の歴史ではあるが、『古事記』に比べると、よほど国家の歴史という性格がこくなっている。それは天地の初めになり出でた神として、『古事記』は天御中主神《あめのみなかぬしのかみ》をあげているのに、『書紀』は国《くに》常立尊《とこだちのみこと》をあげているということにも、顕著にあらわれているといえる。また歴代の事績でも、『書紀』は朝鮮半島の諸国、中国などとの交渉を記すことが詳しく、自国に対する外国の意識が強いが、『古事記』は外国についてはほとんど記すところがない。なお、もっともよくその相違をあらわしているものは書名である。一方はたんに『古事記』とあるのに、他方は『日本書紀』と、日本という国名を冠している。これは中国・朝鮮に対して日本をはっきりとうち出したものであり、国についてのしっかりした観念をあらわしたものである。『古事記』は国内だけを考えた内向的なものであるが、『書紀』は国際的意義を重視した対外的なものといえる。本居宣長は、この日本とあるのが気に入らぬ、中国の史書を『漢書』・『晋書』などというのは、王朝がかわって国名もかわるから当然だが、日本のように天地と共に国名のかわらぬ国で、日本というのは、何に対していうのかわからぬ、中国に対してへつらった名前であると憤慨したが、これは平素穏健な宣長の説に似合わぬ感情論である。中国・朝鮮に対して、堂々と日本の国の独立を主張する心からこそつけた名前であって、へつらうなどという意識から出たことではない。同じく江戸時代の『書紀』の研究家として名高い河村秀根《かわむらひでね》も、これを問題として、彼の見た『書紀』の古写本には日本の二字はついていなかったから、ただ『書紀』とあるのが本来であるといって、その著した『書紀』の注釈書は、とくに「書紀集解《しよきしつかい》」と名づけて、日本の二字をとった。この古写本というのはあやしいもので、やはり日本の名はあるべきでないという観念から、こうした結論を下したものである。時代がちがうと、いま何の問題にもならないことを、りきんで問題にしていることが、おかしいのである。

史体

『書紀』の歴史書としての性格を、いますこし中国史書の史体と比べて考えて見よう、中国では古くから史書がたくさんあらわされ、その書き方についてもいろいろな工夫がめぐらされた。八世紀の初め、唐の史官であった劉知幾《りゅうちき》という人が、こんにちの言葉でいえば史学概論ともいうべき『史通』という書物をあらわした。これには、古今の史書の体裁を論じ、得失をのべ、理想的な史書の書き方はいかにあるべきかを詳しく記している。彼は中国古来の史書の体に六家・二体の別があるという。六家とは、尚書家（記言家）、春秋家（記事家）、左伝家（編年家）、国語家（国別家）、史記家（通古紀伝家）、漢書家（断代紀伝家）の六つであり、二体とは編年と紀伝との二つである。六家は、古来の史書をおもな特徴によって六つのグループにわけ、おのおのの代表的な書物の名をとって名づけたものであり、二体は、それらから抽象される史体の二つの大きな類別をあげたものである。編年は、すべての歴史事実を時間の経過にかけて排列したものであり、いわばほかのいかなる条件もみな年月日のもとに従属させられているようなものである。紀伝は、帝王の事歴を本紀に、諸臣の伝記を列伝に、事項別的記事を志に、年表・系譜の類を表に記すというように、あらかじめ四つの部類を定め、歴史事実をそのおのおのに分割叙述したものである。ある時点における世の大勢を一目のもとに知るには編年がよいが、ある特定の事件の推移をまとめて知ろうとするには、不便である。紀伝は、帝王や諸臣の事歴をまとめて知り、制度や文物の推移を一望するのには便利だが、一事が分かれて各篇にあり、年月の順序が見失われがちになるという欠点がある。両者の得失は一がいには定められない。そこで劉知幾も、「その一を廃せんと欲するもともとより難し、」といい、晋には王隠《おういん》の『晋書』、虞預《ぐよ》の『晋書』のような紀伝のほかに、干宝《かんぽう》の『晋紀』のような編年の書があり、宋には徐爰《じょえん》や沈約《しんやく》の著した紀伝体の『宋書』と、裴子野《はいしや》の著した編年体の『宋略』とがあるというぐあいに、おのおのその長所をもって世に行われると述べている。

劉知幾が『史通』をあらわしたのは、唐の中宗の景龍四年であって、日本では和銅三年(西紀七一〇)に当る。『日本書紀』完成の十年前のことであるから、この書は早く日本に伝えられ、『書紀』の編者はこれを見て史体について検討を重ねたであろう、というのが恩師黒板勝美博士の説であった。この思付きはまことに面白いが、いま『書紀』を見ても、明らかに『史通』の影響をうけたと推せられる条項は見出されない。また、『史通』のできたのは景龍四年であっても、直ぐに世に流布して海外にまで持ち出されたかどうかは疑わしい。『唐書』の劉知幾の伝によると、彼の歿後、時の皇帝玄宗が彼の家について『史通』を写してこれを読み、善と称したとある。皇帝がこのような状態であることから考えれば、家に秘していたものではあるまいか。黒板博士の着眼はおもしろいが、事実としては疑わしいのである。

『史通』との直接の関係はなくても、『史通』に書かれているような、中国古来の史書の性格や撰述の方法などについて、『書紀』の編者がかなりの知識をもち、日本で採用すべきしかたについて、論議を重ねたであろうことは、推察するにかたくない。『書紀』の編修に長い年月をついやしていること、そもそもの始りからは三十九年、和銅七年の再開からでも六年の年月がかぞえられることの理由には、史料の蒐集に手数のかかったこと、朝廷のしごとがほかの緊急のものにむけられたことなどいろいろあったであろうが、一つには作るべき史書の体例についてあれこれと研究審議をつづけたことも、大きな部分を占めたにちがいないのである。

さて、その審議はどのように進んだのであろうか。何よりも『書紀』みずからの体例がその結果を示している。『書紀』の体例は紀伝でもない、編年でもない、そのあいの子である。本紀・列伝などの区分がなく、年月を追うて事実を記している点では編年というにふさわしいが、天皇一代ごとにけじめをはっきりとつけ、天皇の世系・閲歴・資質・后妃・子女・都・山陵などを述べているところは、紀伝体の本紀に似ている。編者たちは編年・紀伝の長短を考え、完全な紀伝体とするには、材料も少く、力も足りないことをみとめ、編年体をとったが、そこに天皇中心の思想を加え、技術的には、有力な材料となった『帝紀』の内容を生かすということで、紀伝体の本紀に近いものとなったのではあるまいか。要するに『書紀』の史体は、中国古来の史体をうけたものであるが、盲目的な追随ではない、自分の見識で必要なものを諸所からとり、独自の体例をうち立てたものである。それは、この時代の制度全般について唐制に対した態度と全く同じであったのである。

史料

史書の体裁から、叙述の内容に立入って考えて見よう。まず『書紀』は史料を広く集め、よくこれを利用した。『古事記』は、『帝紀』と『旧辞』を材料にしただけであるが、『書紀』は、そのほかに、諸氏の家記、個人の日記、政府の記録、朝鮮人の記録など、各方面の史料をとり入れてある。『書紀』が皇室の歴史でなく、広く国家の歴史となることができたのは、史料を広く用いていることに負う所が多い。また編者はその史料を使うのに、一方にかたよらず、つとめて公平な態度をとり、諸説があって決定しがたい場合には、諸説をあげて読者の判断にまかせる、という学問的な方法によった。神代巻で、一節ごとに異伝を「一書に曰く」として掲げたことは、古来諸学者の口をそろえて称讃するところである。これはいわゆる諸家の伝承した『旧辞』に変改が加えられ、多くの異説ができたということを正直に示しているものであって、こんにちわれわれはこれらを比較対照して、どれが本来の伝承であるか、どういう変改が加えられたか、を推察することができる。まことにありがたい編者の配慮であった。神武天皇以後は、神代ほどことごとしく一書をあげてはいないが、それでも編者の謙虚な態度は最後までつらぬかれている。一おう本文にはこう書いたが、別の本にはちがってかように書いてある。いまそれも記して読者の判断に供する、といった工合の分注がところどころに見られる。ひとりよがりの、思い上った態度では、決して書いていないのである。

次に、史料に対しては、まじめにその原文を尊重した。史料の一種に朝鮮人の記録のあったことは前にのべたが、それは『百済記』・『百済新撰』・『百済本記』と名づけられた百済関係の記録である。『百済記』は神功皇后・応神天皇の紀に引かれ、『百済新撰』は雄略紀に引かれ、『百済本記』は継体・欽明の巻に引かれている。三部それぞれ別の記録であり、かならずしも百済の現地で書かれたものばかりでなく、百済滅亡の後日本に亡命した人が、たずさえて来た国の旧記をもとにして書いたものもあろうと私は見ているが、一おう年月など信用のおける大切な史料である。その中で『百済記』は日本に最上級の讃辞とへつらいの言葉を用い、日本のことを貴国といい、外国人ならば通例は倭王と称する天皇のことを天皇と書いている。ところで『書紀』は、この『百済記』の文をとって、本文に平然と日本のことを貴国と書いている。自分の国を貴国と、自らの歴史に書くとは、少し神経の太いやり方だが、史料の原文に忠実にしたがったまでだといえば、うなずける。また『百済本記』には日本の人名を漢字の音で書いたものがたくさん出てくるが、中には日本のたれと明らかに比定できないものがある。「加不至費直《かふちのあたひ》」などは「河内直」とはっきり比定できるから問題はないが、「佐魯麻都《さろまつ》」「為哥岐弥《いかきみ》」「己麻奴跪《こまとく》」などは、ちょっとわからない。編者はこれらは原文のまま本文に出して、さかしらに細工を加えていない。

　このようにいうと、読者は反論を加えるであろう。『書紀』が『古事記』に比べて文章をかざり、事実でもないことをれいれいと書いていることは、あまりにも有名である。年代なども作為をして、実際よりはるかに長い年代としてしまった。こうした、いわば反歴史的な態度をとった編者に対して、史料を尊重したなどと称するのは、見えすいたでたらめではないかと。

たしかに『書紀』に漢文の潤色が加えられていることは事実である。中国古典の成句をもって来て、原史料の国語風のものを書き直したらしい形跡のあるものもすくなくない。これは国の正史を中国のそれに比して遜色のないものにしたいという配慮が強く作用した結果と見られるが、しかしこのしかたは巻によって相違のあることを見のがすことができない。それはつまり担当の編者の嗜好によって潤色がされたり、されなかったりであったことを示している。それも原史料がコンクリートな事実を記していると見られる百済・新羅関係の記事や、孝徳紀以後の日録風の記事に対しては、行き過ぎた潤色はない。説話性の豊かな『旧辞』の物語や、諸家の家記とおぼしきものに、編者は羽をのばして文飾をほどこしたもののようである。だから潤色はあるにはあるが、見さかいもなくされているのではない。そして、そういう点を根拠として、一面史料に忠実でもあったということを、私は述べたのである。

年紀のことは、聖徳太子撰述の『天皇記』・『国記』でこれを定めたであろうということを先に述べた。古代の年紀はもともとわからなかったから、これを放置すれば、『古事記』のような年紀のない歴史となる。しかし、歴史に年紀のないことは致命的な欠陥である。中国の正史に擬するわが歴史に年紀を立てようとするのは当然の願である。聖徳太子の推定したであろう年紀にもとづき、あるいは辛酉革命説を強調し、あるいは『魏志』の卑弥呼を神功皇后に比定して、歴代の年紀を配分したことは、当時としてはできるだけの学問的努力の試みであり、その結果が中国朝鮮の記録と大きな差を示すことになったとしても、それをでたらめだとして責めることは酷である。逆説のようであるが、むしろ編者の歴史尊重主義をこの年紀考定の上に見ることができるとさえ私は考える。

史料としての価値

最後に『書紀』の史料としての信憑性について一言したい。古くは『書紀』に書かれていることは、みな疑いのない事実と信ぜられた。さすがに学者が、そこに書かれた神話や伝説をそのままに史実と考えることはなかったが、普通教育ではこれを史実として教えた。

そこで、太平洋戦争の敗戦の結果、国史の再検討が叫ばれ、天皇制のあり方が批判されると、『書紀』や『古事記』の権威は極端にばかにされ、その史料的価値はほとんどゼロと見られるようになった。それには戦前公にされ、かならずしも学者の多くからの賛成は得なかった、津田左右吉博士の『記紀』批判の業績を持ち上げ、これに高い評価を与えたことがあずかって力があった。若い学者のあいだでは、『書紀』にあるから事実ではない、といったような、極端な『書紀』不信の念が、いまは多く行われている。しかし、『書紀』の信憑性について、概括的な論断をすることは学問的ではない。

『書紀』は多くの異質の材料により、多くの編者がつぎつぎに層序的に加筆修正して行ったものであるから、場所場所によって、史料的価値に相違がある。個々の場合について、原史料が何であるかを見きわめ、後次的な潤色をとり去り、原史料の成立状況や、それが史実をどの程度に伝えているかを推測する手続きをとらねばならぬ。こうすれば、たとえば政府の日々の記録から取られたらしい天武・持統紀などの記事は、ほぼ確実な事実と認められ、『百済記』や『百済本記』にもとづく半島との交渉関係の記事は、百済人の立場による日本へのへつらいや独りよがりの部分を除けば、大体信用できるものとなり、『旧辞』によったと思われる古い時代の記事については、『古事記』と対照して、原形がどれ、変化した形がどれであるかを知り、伝承の新古が明らかになるであろう。『書紀』の真実性を頭から否定する態度は、これを全面的に肯定するのと同じように、学者のとるべき批判的精神からは遠いものと云わねばならぬ。

なお『日本書紀』という書名は、本来は『日本紀《にほんぎ》』であったと考えられている。『書紀』となったのは、平安時代の初頃に学者の間に行われ、それからは、『日本書紀』と『日本紀』の両様の書名が行われて、こんにちに至っている。イギリスの日本学者アストンが一八九六年（明治二十九年）刊行した『日本書紀』の飜訳書は、古名にしたがって『Nihongi』と表題をつけている。なぜ、書を加えて『書紀』としたか、明らかでないが、中国の例では、紀は編年体の史書の名に用いられ、書は紀伝体のそれに用いられている。紀だけではさびしいと思った中国かぶれの学者がさかしらに加えたものが、世に行われるようになったのでもあろうか。

4　いわゆる六国史

政府の国史編修

大化改新から大宝律令の制定に至る一連の改革事業によって、日本にもはじめて中央集権政治の制度が確立し、整備した官僚組織と成文法典とによって国政が行われることとなった。また文化の進展に格段の考慮がめぐらされ、学問・芸術・生活様式などに飛躍的な発展が見られることになった。『古事記』と『日本書紀』の編修は、このような中央集権的文化国家の基礎を支える理念として要請されたものであり、律令が具体的に国家の政治を規制する法典ならば、国史は精神的に国家国民の存在を指導する経典であった。国史は律令と相ともなって、国家統治の上に欠くことのできない要具と考えられたのである。

そこで律令の制度では、中務省所管の図書寮に国史修撰の任務を負わせ、政府は恒常的に国史編修の仕事をつづけることになっていた。そして、事実、『日本書紀』の後、その流れをくんだ史書が続々と政府の手でつくられた。『続日本紀』・『日本後紀』・『続日本後紀』・『日本文徳天皇実録』・『日本三代実録』の五部の国史が延暦十六年（西紀七九七）から延喜元年（西紀九〇一）までの間に現れた。この五部の国史に『日本書紀』を加えて六国史《りっこくし》といい、古代の勅撰国史のすべてとする。それは一面では律令国家のみずからの過去の反省の記録として、支配者に対するもっとも具体的な教訓のいみをもったが、他面ではその国の文化の表徴として、文化段階の誇示をもいみした。

六国史の要項を表示しよう。

書名	巻数	内容範囲	内容年数	完成年月日	選修所要年数	撰者
日本書紀	30	神代―持統天皇		養老四・五・二一（七二〇）	39	舎人親王以下
続日本紀	40	文武天皇元年―桓武天皇延暦一〇	95	延暦一六・二・一三（七九七）	34以上	藤原継縄 菅野真道等
日本後紀	40	桓武天皇延暦一一―淳和天皇天長一〇	42	承和七・一二・九（八四〇）	22	藤原冬嗣 同 緒嗣等
続日本後紀	20	仁明天皇一代	18	貞観一一・八・一四（八六九）	15	藤原良房等
日本文徳天皇実録	10	文徳天皇一代	9	元慶三・一一・一三（八七九）	9	藤原基経等
日本三代実録	50	清和・陽成・光孝天皇三代	30	延喜元・八・二（九〇一）	10	藤原時平等

国史の編修と法典の編纂

『日本書紀』の編修が律令国家の精神的なより所として、律令制定の事業と時期的に相並んで行われたように、『続日本紀』以下の五国史の編修も、第二次的な法典制定である格式編修の事業と並行して行われた。格は、根本法である律令を修正補足する臨時の法であり、式は律令格の施行細則を定めた従属法であるが、九世紀に入って、これらの格や式を編修して、利用に便にしようという企てが、政府によって起された。弘仁・貞観・延喜の三代の格式はその成果である。そして『弘仁格式』は弘仁十一年（西紀八二〇）にでき上り、『貞観格』は貞観十一年（西紀八六九）、『貞観式』は同十三年（西紀八七一）、『延喜格』は延喜五年（西紀九〇五）、『延喜式』は延長五年（西紀九二七）に、それぞれでき上った。国史の編修と格式の編修とは、律令国家のよって立つ基盤の反省または整理をいみするものであり、それの活発に行われたことは、支配者の国政に対する情熱が高く、国家の機構もそれを可能にするだけによく運用せられていたことを示す。国史が延喜元年の『三代実録』をもって終り、格式が延長五年の『延喜式』をもって最後としたのは、偶然ではない。それは律令国家のおとろえのきざしを、もっとも明白に示した事象にほかならないのである。

史　体

『続日本紀』以下五国史の史体は、大本においては『日本書紀』にならっているが、細部においては若干の相違があり、五国史相互の間にもそれぞれの特殊性がある。天皇の一代ごとに区切った編年体であるということは、すべてに通じた大本である。貴族・大官の死んだ所にその人の伝記を記すというしかたは、紀伝体の列伝の内容を編年の中に加えたようなものであるが、これが『続日本紀』にはじまり、後になるほど範囲を増し、『三代実録』では五位以上の男女について必ずその伝がのせられている。

また六国史は、事件の要領を、外面的な経過について、簡潔に記すことを本領として、その内容や由来などについて、立ちいった説明を加えないのが、ふつうである。けれど、『三代実録』では、年中行事の儀式について、その内容・慣行について説明を加えることがしばしばある。また大臣や大将の辞職の上表文、――それは形式的なもので三回上表しても聴き入れられぬときは現職に留まるのであるから、大勢に影響ないもので、文人の文章の見せ場にすぎないようなものであるが、――その上表文を『三代実録』では克明にのせている。これらのことは、紀伝体の志にでも記されてよさそうなことを編年の中に加えたものであり、六国史が後になるほど史体を成長させて行ったことを示す例である。

中国の史書と六国史とを対比して、目立つ相異は、論賛の有無である。中国の史書では皇帝の一代の終や、人物の伝記のあとに、その事績を概括論評した文章をのせるのが例である。これを論賛といった。論賛は史官の腕の見せ所であって、人物の価値を定めた公的な見解でもあった。棺を蓋うて後に定まるといわれた人物の評はまさにこれである。そして無味乾燥な編年記事の羅列の中で、読者の精神を動かし、共感や批判をわき立たせるものはこれがあるためであった。ところが、六国史では、原則としてこの論賛を立てなかった。『日本後紀』には、それらしいものを記した所が少しあるけれども、論賛という項目を立てての文章のないことは、六国史を通ずる原則である。これは中国史書に比べて一そう六国史を味のない歴史としてしまった一つの理由であろう。

なぜ六国史は論賛をのせなかったのか。言あげすることを好まない国民性の故もあろう。君主の得失を批判することの自由または必要が、中国ほどに日本では感ぜられなかったこともあろう。あるいは、編年体史書の範とする『春秋』が事実の直筆を重んじて、論賛を設けなかったのにならったこともあろう。的確な理由はわからぬが、結果として、六国史に論賛のないことは、中国史書にくらべていちじるしい特色とすることができるのである。

過去の君臣の政迹《せいせき》を記して、今日および将来の政治の参考にしようとする大目的から、六国史に記載される項目は、しぜんときまってしまう。まず、天皇の動静はこまかいことでもこれを記す。祥瑞や災害は、天が人主に幸いを授け、または戒めを与えるものであるから、これも詳しく記す。政府の出す政令、朝廷で行う儀式、外国使節来朝のことなども、当然記される。このほか名教の維持、道徳の作興などに関することはしさいに載せられるが、尋常の小事、街談巷説の類は除く、といった有様である。儒教にもとづく道徳政治の高揚が律令国家の理想であるから、歴史事実もその理想に即してえらばれたのである。また天皇の動静を必ず記したのは、国民の儀表として天皇の行為が尊ばれたことと、後世の天皇のいましめとなることを第一の目的とした国史の性質とによるのであろう。

中国においては、歴史は君主の鑑戒として強い期待がよせられていた。古代、君主の左右には史官が常侍して、君主の動静をこまかに記録した。左史は言を記し、右史は事を記すという。この記録によって、『起居注』という君主の動静の記録が作られた。君主の歿後『起居注』をもとにして、一代の実録が作られた。そして王朝がかわると、新王朝で前代君主の実録を材料として、旧王朝の正史が編せられたのである。日本では、このような複雑な手数はとらなかったであろうが、国史が天皇の動静を巨細に記すということには、中国のこのような歴史編修法を参考にしたことも、一つの根拠になっているであろう。

書名

これに関連して、六国史の題名の変遷がとり上げられる。名称の最後に紀の字をつけたのは、『日本紀』にならったもので、編年体史書の常道であるが、『文徳実録』と『三代実録』の二書は、この慣例を破ってしまった。そこで学者の中には、六国史の内容がかわって、初は国家の正史であったものが、天皇個人の実録となったので、名をかえたのであるという人がある。私は六国史にそのような大きな意識的な変化はないと思う。天皇中心であることは一貫した精神であり、後になるほどすべての記事が詳細になっただけである。まして題名にそのような気持はおりこんでいない。対象の範囲が天皇一代になったということは、いかにも正史から実録に移った徴表のようであるが、そうなった最初の書物の題名は『続日本後紀』と前の体制にしたがっていることで、それがわかる。実録の名は、『続日本後紀』以後、適当な名称がないので、中国の例によってそれを用いただけであり、編者はけっしてその書物を先行の国史と系列を別にしたものとは考えていなかったと思う。

編者との関係

六国史の記事は概していうと、客観的な事実の羅列であるから、酷評する人は、これは真のいみの歴史とはいえず、たんなる史料集であるという。こんにちの歴史学の概念をもって古代の史書を律することがそもそもむりであるが、もしこの批評のいみを、六国史は機械的な事実の羅列であって、編者の主観的な選択や整理をへず、その見識もあらわれていないということであるとすると、私はあえてそれに反対する。一見した所は、機械的な事実の羅列のようでも、事実の選択は編者の見識によらねばならず、また文書や記録の原文を引いた所はとにかく、それ以外の地の文は編者の知識と見識とによって書かれており、そこには孔子が『春秋』でしたような褒貶《ほうへん》の精神さえもられているのである。したがって編者の個性はよくおのおの書にあらわれている。私はこれを『日本後紀』と『続日本後紀』との比較において、はっきりと見ることができると思っている。

『日本後紀』

『日本後紀』は、六国史の中ではおもしろい個性をもった書物である。評論の文をのせないことを原則とする六国史の中で、この書ばかりには時に評論めいた文がある。平城天皇が藤原薬子を愛して政を乱したことを忌憚なく非難したり、即位の年に年号を改めたことを「礼にあらず」「孝子の心に違う」「失というべし」と断じている。人々の伝記についても、簡潔な文章で長所と短所とをあげ、ありきたりの讃辞は決して呈していない。いかにも事実をありのままに記して、乱臣賊子をおのずから恐れさす、といった気魄がほとばしり出ているような感じがする。ところで、その原因はどこにあるか。これを探して私は編者の一人藤原緒《お》嗣《つぐ》の精神がここにあらわれているからであると知った。緒嗣は百川《ももかわ》の子である。百川は桓武天皇が位につくのに大功があったので、桓武天皇はその子の緒嗣を重く用いた。それより緒嗣は文武の要職をへ、五代の天皇に仕えて、官は左大臣にまで昇った。資性剛毅であって、権貴におもねらず、常に直言を吐いて憚る所がなかった。かつて桓武天皇が彼と菅野真《すがののま》道《みち》とを召して、天下の徳政のあるべき様について意見を求めた所、彼は、いま天下の苦しむ所は軍事と造作とであるから、この二つをやめれば百姓は安んずる、と述べた。天皇の心血をそそいだ二大事業の非を堂々と述べることは、尋常人のなし得るところではない。また彼は東山道観察使となり、駅戸の負担の過重を見て、その軽減を奏上した。「国の利害知って奏せざるはなし」とは、彼の事績を概括した言葉である。このような緒嗣の人となりが『日本後紀』の峻烈な批判的精神となってあらわれていると、私は見るのであるが、どうであろうか。

『続日本後紀』

『続日本後紀』は、『日本後紀』に比べると、大へんきめがこまかい。『後紀』に男性的な太い精神がつらぬいているとすると、『続後紀』には女性的なやさしい心づかいが隅々にまで行きとどいている。『続後紀』の編者は、この国が儒教の礼文政治のよく行われている文化国であるということを示したかったらしい。至る所にそのような礼文主義がえがかれている。天皇が太上天皇や太皇太后の御所に毎年正月拝賀の礼に行くことを克明に記し、ある年などは太后の命によって、天皇が太后の面前で輦《こし》に乗る儀式を行う。その際天皇は北面して太后の前に跪《ひざまず》いたというので、これを見る者が涙を流して、天子の尊にして、北面して跪くとは、まさに孝敬の道、天子より庶人に達するものだと嘆じた、と記している。いかにもこり固まった儒学者の臭のふんぷんたる記事ではないか。このほか、幼少の皇子が始めて天皇に拝謁する儀式を記して、その様子は老成人のようであったとほめたたえるなども、編者の好んでしたことである。天皇即位のさいの大嘗会《だいじょうえ》の悠紀《ゆき》主基《すき》の飾物などについて、詳しい記録を残したのも、本書の独壇場である。

そこで、このような『続後紀』の特色が、編者の趣味にもとづくのではあるまいかと調べて見ると、はたしてそれらしい人がいる。春澄善縄《はるずみのよしただ》である。善縄は当代一流の学者であるが、すこぶる謹厳の人であって、その頃盛んであった学者の争いにも全く加わらず、人の短をそしることはなかった。『続後紀』の編修には精根をつくしたと見え、そのでき上ってから半年で世を去った。この謹直な学者の理想が『続後紀』にえがかれているからこそ、礼文趣味の書物となったのに違いない。『後紀』と全く対蹠的な『続後紀』の性格は、一に編者の対蹠的な人となりによるといってよかろうと思うのである。

編修の機構

編者のことを論じたついでに、六国史編修の機構について一般的のことを述べよう。先に述べたように、当時の官制で中務省所管の図書寮に国史修撰の任務が課せられていたが、これは国史の材料となる記録の製作、いわば中国の『起居注』に当るものの記録をつかさどったので、正史の編修には特別の役所が設けられたようである。それは撰日本紀所（この場合の日本紀は『書紀』にかぎらず広く国史のいみに用いている）とか、撰国史所とかいわれた。これにあずかる人も、数名の有力な官吏・学者がえらばれた。後にその形式の定まったころの規定では、総裁として大臣一人、別当として参議一人、大外記《だいげき》並に学者一人、諸司役人で文筆の心得あるもの四、五人ということであった。総裁としての大臣は、『続日本紀』以来、藤原氏の独占で、しかも『後紀』以後は冬嗣・良房・基経・時平と、藤原氏北家の家嫡が引きつづいてこれに当っている。ちょうど、律令制定のはじめに、鎌足・不比等の親子がそれに関与して、律令貴族としての藤原氏の確固たる地歩をかためたように、その律令と不可分の国史の編修には、彼らの後裔たる人々がこれを主宰して、律令貴族としての名実を全うしたものといってよい。しかし、これらの大臣は原則としては編修の実務には当らず、実務に当ったものは、参議や大外記の学者であったであろう。そこで後世から、これらの国史について撰者を一口にいうときは、『続後紀』は春澄善縄、『文徳実録』は都 良香《みやこのよしか》、『三代実録』は大蔵善行《おおくらよしゆき》と、学者の名をあげる例である。『後紀』の場合は、とくにそのような学者の名はあげられていない。緒嗣の精神が強くあらわれていると、先に私が推したのも、この場合の緒嗣は名誉職的な関与の仕方ではなかったと思うからである。彼は冬嗣の死後、大臣として総裁の地位にあったが、初は中納言として編者の中に加えられたのである。

5　この時代の歴史の学問

八世紀の初から十世紀の初にかけ、政府事業として国の正史がつぎつぎに編修せられ、国初から光孝天皇の終わり（仁和三年／西紀八八七）までの歴史が一年の断絶もなく書きつがれたということは、前後にたぐいのない盛事であった。そして、これができたのは、国政と密接なかかわりをもった、この時代の修史事業の性格による所が大きいが、具体的な根拠の一つとして、歴史の学問の進歩、史学者の輩出ということをも考えねばならぬであろう。

もともと律令の学制では、歴史を専門に学ぶ学生の養成を考えていず、教科書にも史書はとり入れられていなかった。ただ、『尚書』と『左伝』とはあったが、これらは史書としてではなく経書として扱われ、明経道《みょうぎょうどう》の教科書の中に属していたのである。大学の本科は明経道であり、算・音・書の三道が専修科として附属するたてまえであった。ただし、この教科の立て方にいささか矛盾する制度であったが、官吏選考の国家試験では、秀才・明経・進士・明法の四科があり、その秀才・進士には論文試験を課したので、りっぱな論文を書くための文章の修業が、実際には重い比重を占めた。そして、この文章の修業を突破口として、歴史書の学習への広い道が開かれるようになった。

紀伝道

聖武天皇の神亀五年（西紀七二八）大学寮に文章《もんじよう》博士《はかせ》・文章生がおかれたが、これは文章道という独立の教科ができたことを示すのである。この文章道は、『文選《もんぜん》』と『爾雅《じが》』とをおもな教科書としたが、その中にやがて三史も加えられた。三史とは、『史記』・『漢書』・『後漢書』をいう。そして文章道の名も、歴史にふさわしく紀伝道《きでんどう》といわれ、ときに史学と呼ばれることもあった。奈良時代の神護景雲三年（西紀七六九）には、大宰府にさえ五経はあるが三史はまだないというので、とくに『史記』・『漢書』・『後漢書』・『三国志』・『晋書』各一部を朝廷から授けて、歴史を学ぶ者の要望に備える程度であったが、それから七十余年たった承和九年（西紀八四二）には、相模・武蔵・常陸・上野・下野・陸奥などの、いわゆる後進諸国にも三史の写本がそなえられていたほどの史書の普及が見られたのである。

平安時代においては、貴族・官人の間に歴史を学ぶ者の数が増加した。必ずしも学者の道に入らない人も、「史伝を読む」とか、「『史漢』にわたる」とかいう修学の経路をとることが多く、貴族の教養に歴史が重んぜられたことを示す。天皇の修学の儀式として行われた宮中講書の場合の書物を、国史にのせられた弘仁から元慶に至るまでの十五回について調べると、『史記』2、『漢書』1、『後漢書』1、『晋書』1、『群書治要』3、『文選』2、『御注孝経』2、『孝経』1、『荘子』1、『論語』1、の数字となる。さすがに明経道の優位は争われぬが、でも史書の進出は相当のものといわねばならぬ。

文章道から紀伝道が生まれたように、文章と歴史とは密接な関係にあり、文章に習熟するための教科書として史書を重んじたという面があった。そして、もしこういう面だけが強く働いたとすれば、真実の歴史意識の高まりとはいえず、史学の興隆ともいえないであろう。ところで、これとは全く別の事実で、この時代の史学的関心を察することのできるものがある。私は、次にそれをのべて、歴史への関心がたんに中国のそれにとどまらず、実に日本の古代史にそそがれたという事実を明らかにしよう。それは宮中で行われた『日本書紀』の講義である。

日本紀講書

宮中の日本紀講書は、奈良時代から平安時代にかけ七回ほど行われた。年次をあげると、養老五（西紀七二一）、弘仁三（西紀八一二）、承和十（西紀八四三）、元慶二（西紀八七八）、延喜四（西紀九〇四）、承平六（西紀九三六）、康保二（西紀九六五）である。このうち、養老五年というのは、『書紀』完成のあくる年であり、後の例と年代も開きすぎているから、特別の場合として除き、他の六例について考えると、大体三十年を間隔として、講書の行われたことが知られる。これによって、講書は無軌道に行われたのではなく、計画性をもって、たとえば師説を正しく後世に伝えるための年数などを考慮して、行われたであろうと思われる。その行われたようすを、元慶度の例について、こまかに述べると、元慶二年三月二十五日、宮中の宜陽殿《ぎようでん》の東廂《ひがしびさし》で、助教善淵愛成《よしぶちのちかなり》を博士《はかせ》とし、大外記《だいげき》島田良臣《しまだのよしおみ》を都講《とこう》として講義を始めた。右大臣基経以下参議以上の公卿が出席して、これを聴講した。その後、途中で一度中絶したが、三年五月七日に再開され、毎日続講して、五年六月二十九日に全巻を講了し、六年八月二十九日にその竟宴《きょうえん》を行った。中断はあったが、三年三ヵ月の間、それをつづけて、全部を終了したということは、たんなる形式や儀礼の心からはとうていできることではなく、根柢に歴史への関心、『書紀』への傾倒が強く横たわっていたからであると見なければならない。ことに大臣を含む高級官僚が聴講したということを、われわれは重要視する。しかもその聴講がお役目ではなかった。基経は不審の所を講師に質問し、真剣な質疑応答がかわされたのである。質問の一つにこういうのがある。崇峻天皇即位前の物部守屋討伐の戦のとき、聖徳太子がこれに参加し、白膠木《ぬりでのき》をきりとって四天王の像を作り、頂髪《たきふさ》において、必勝を誓ったと『書紀』にある。なぜ白膠木を用いたのかという質問である。講師は即答ができなくて、識者にたづね、白膠木は霊木である、修法の壇にもこの木の乳を塗る、というような答を得ている。ささいなことのせんさくのようであるが、むしろ彼の読書の態度が、学問的な探究心に出ていることを示している事例ではないか。また、基経は『日本書紀』の写本の一つと思われる『仮名日本紀』を所蔵していた。博士は講書の際に本文の校勘をする料として、それを借用した。これも基経が『日本書紀』に関心をもっていたことの証である。

博士の講義、聴講者との質疑応答のもようなどは、メモされて、『私記』という名で、断片的ながら今日に伝わっている。博士は克明に『書紀』を読み、本文の校勘、訓読のしかたなどについて、証を引いて結論を出そうとしている。それは素朴な段階ではあるものの、古典の本文研究、註釈的研究の道を開いたものである。推古天皇紀に小野妹子を隋に遣わしたことを、大唐に遣わすと書いてある。そこで海外記や『隋書』などの証拠を引いて、この時代は隋であるから、大唐と書いたのは史の誤であると、『私記』に述べている。誤というよりはなぜ大唐と書いたかをたずねるべきであるが、ともかく最初の段階では、こうした指摘も必要といわねばなるまい。この時代の日本紀講書が目さきの政治や道徳にとらわれず、まず真実を明らかにする、正しい『書紀』の読み方をする、という、ごく基礎的なしごとに向けられていたことは、これでわかる。そして、やがてそれはこの時代の歴史学的関心の高さを示すものとすることができよう。

講書が終了すると、竟宴を開いてお祝いをするのが例であった。このときには博士から聴講者まで全部、たいてい三十数人であったが、出席して、『書紀』中の人物を題として、おのおの和歌を詠じた。『日本紀竟宴和歌』の名で、いま延喜・承平両度のものが伝わっている。この歌を見ると、ひとびとの古代史に対する理解のしかた、興味のおきかたが察せられる。その二、三の例をあげよう。

仁徳天皇　　　　左大臣　藤原時平
たかどのに、のぼりてみれば、あめのした、よもにけぶりて、いまぞ富みぬる

欽明天皇　　　　文章博士　三善清行

ほとけすら、みかどかしこみ、しらたへの、波かみわけて、来ませるものを

天智天皇　　　　　　　　　　　　参議　紀長谷雄

ささなみの、よするうみべに、宮はじめ、よよに絶えぬか、君がみのちは

左大臣藤原時平が仁徳天皇の善政を歌ったのは、彼の大臣としての責任感から共感を禁じ得なかったものと思われて興味ふかい。また、三善清行《みよしきよゆき》が欽明朝の仏教伝来を取上げ、紀長谷雄《きのはせお》が天智天皇の皇統の繁栄を歌ったのは、ともに後世に関連することの大きい重要な史実を選んだもので、歴史認識の確かさを証するものといえよう。

菅原道真

ここで、話題をかえて、この時代のおもな史学者とその著作について述べよう。まず第一にあげねばならぬのは、菅原道真である。道真は学者で右大臣になったということ、藤原氏専制のぎせいとなって失脚したこと、怨霊《おんりよう》が恐れられて天神《てんじん》として祭られたことなどで、あまねく人に知られるが、私は政治家としての道真よりも、史学者としての道真をはるかに高く評価する。道真の政治はけっして卓越したものとはいえず、ライバルの時平には劣ると判定しなければならぬが、彼の史学は優秀であり、当代これに肩をならべるものは外にはあるまい、と私は考える。彼の史学上の著作の第一は、父の是善に代って『文徳実録』の序を書

いたことである。『文徳実録』は基経・是善・島田良臣の三人の名で上奏せられたが、その序文が撰者でもない道真によって書かれたのは、彼の歴史・文章がすでに世に認められていたからである。第二には宇多天皇のはじめた『三代実録』の編修にあずかったことである。『三代実録』には源能有《よしあり》・藤原時平・菅原道真・大蔵善行・三統理平《みむねまさひら》の五人の編者があげられているが、この中、能有と時平は名誉職的なものと思われるから、実際に筆をとったのは、道真・善行・理平の三人であろう。しかし最後に完成奏上の序文に名を列ねたのは時平と善行との二人である。これは道真は延喜元年正月、失脚して大宰府に流され、理平も地方官に転じたため、時平と善行とによる独占体制のできたためであるが、奏上が同じ元年八月であることから考えると、恐らく『三代実録』の実質的な完成は道真在京時代にすんで、形式的な完成をわざと後に延ばしたのではないかと察せられる。ともかく、『三代実録』の編修には道真の意見がよほど強く入っているものと見てよい。その『三代実録』は、形式の整頓、記事の詳密な点で、六国史中の白眉といわれる。これまでの国史は日を記すのに、干支だけで、日にちは記さないのが原則であった。だから朔日の干支から推算しないと、実際の日にちはわからないという不便があった。それをかならず日にちと干支とを一しょにあげることにしたのは『三代実録』の発明である。たとえば、これまでは、たんに「十月戊子朔」「己丑」「甲午」などと書いたのを、『三代実録』では「十月戊子朔」「二日己丑」「七日甲午」などと書くことにしたのである。こんにちからいえば、何でもないことであるが、こうしたことに気付き、かつ実行することは、深い学殖と経験がなければ、できないことである。そしてこれ以後歴史の書法はほとんどみなこの日にち干支並用を踏襲するのである。そのほか、先にものべたように、行事や儀式の由来やしきたりを説明したり、上表文の文章などを詳記することも、『三代実録』の特色である。このようなことには道真の考えがよほど加わったものに違いない。国史の史体の改良に彼の力は大きくはたらいていると思うのである。

『類聚国史』

次に、もっと明白に彼の史学上の見識を示したものとして、われわれは『類聚国史《るいじゆうこくし》』の編修をあげることができる。『類聚国史』は、国史の編年体の欠陥を補って、事項別に分類再編成し、検索の便を図ったものである。本文二百巻、目録二巻、帝王系図三巻という。編者は菅原道真である。こうした書物のアイディアは中国の類書に負う所が多く、その項目の分類の立て方なども中国のものを参考したであろうけれど、しかし独自の考案もはなはだ多い。中国の類書の分類は、天・歳時・地・州郡・帝王などと順序だてられるのがふつうであるが、この書は、神祇・帝王・後宮・人・歳時とつづいている。神祇・帝王を最初に出したのは、六国史の精神に、また古代国家の国制にもっともよくかなった分類法であり、事実この後も永く行われた項目の立て方である。そして、中国の天や地にあたる項目はなく、ずっと後の方に祥瑞・災異の部を立て、その中に天・地に関するものがとられている。すなわち自然現象は人事にかかわる限りにおいて史的事件として記録せられるのであり、その人事関係から見れば、祥瑞と見るか、災異と見るかである。純粋に客観的な事実としての、天や地に関する項目は、歴史に立てる必要がないと見るのは、一つの見識であろう。また仏教関係の記事は、六国史では大きな部分を占め、共に精神界の指導的勢力であったことは神祇と同じであるが、その仏教は、はるか後の百七十四巻から百八十九巻までの十六巻にわたって仏道の名で集められている。そしてその次には風俗・殊俗の名で、辺裔や外国関係の記事が集められているから、仏道も外国関係のものとして、これを日本本来のものより一だんひくく考えたものであろう。これもりっぱな見識といえよう。

このような大項目を立て、さらにその下に小項目を立て、そのおのおのに該当する記事を六国史の中からとり出し、各項目内では編年順に並べたのが、『類聚国史』の内容である。その記事のとり方はきわめて厳密で、一字一句ゆるがせにせず、全文を引くのが原則であるが、主題に関係ない他のことが述べられているときは、それを「云々」と記して略し、他の項目の下にそれを再掲し、おのおのの下に「事は某々部に具《つぶさ》なり」という註記を加えることを忘れない。このようにして六国史の全記事は、この書のどこかに引かれているから、これをもとにもどせば六国史の姿を復原することができる。『日本後紀』は四十巻のうち三十巻はいま伝わっていないので、この『類聚国史』からその欠けた部分を復原することができる。ただし『類聚国史』も二百巻のうち、六十二巻しか伝わらないので、この復原は完全にはできない恨みがある。けれど理論としてはそれが可能なのである。そしてそれができるのは道真の『類聚国史』編修のしかたが厳格に原典主義をとったためである。これは当然のことのようで、なかなかできないことである。文章の才のある編者としては、どこかに自分の文章を入れたり、原文に細工を加えたくなるものである。そして後世伝写の間に原文と修正附加の文との区別は失われ、雑然としたものになるであろう。道真は絶対にそのような手を加えなかった。編者はありあまる才能をもちながら、かたく自分をおさえ、一字一句の修正をも加えなかった。これこそ原典第一主義・歴史主義に徹した態度であり、近代的な学問の香りさえうかがえるではないか。

『類聚国史』の賞讃すべき点は、ほかにもあるが、眼目は以上でつきる。もともとこの書は学問的著述のいみよりも、政治の参考にする具体的な用途に重きをおいたものである。そして後世、六国史の文は、六国史のおのおのよりも、『類聚国史』によって見ることの方が多かったらしい。そのような実用的目的を第一とした書物であるが、その編修の用意には、心にくいばかりの、史学の本質を洞察した考慮がめぐらされている、ということを私はとくに取上げて、道真の史学者としての見識をたたえるのである。

三善清行

道真と同時代に出て、道真とは対蹠的な立場に立った歴史家に三善清行がある。清行も経史に詳しく、長く文章博士の任にあったが、官途はむしろ不遇であり、晩年参議にのぼったのみである。公的な編修としては『延喜式』の編修に加わったことが知られるが、その他は個人的な著述を残した。かれの著した智証大師円珍の伝記、地方官として能吏の名の高かった藤原保則の伝記などは、内容・文章ともにすぐれ、史家として、ゆうに第一流の人物であることを示している。そして、かれの史家としての特異の立場を示したものとして『革命勘文《かくめいかんもん》』一巻がある。

『革命勘文』は、昌泰四年（西紀九〇一）醍醐天皇に上ったもので、その年が辛酉で、天智天皇辛酉から、二百四十年へた、いわゆる四六大変の年であるから、年号を改めて天意にしたがうべきであることを述べた、緊急の時務策である。しかしその時務策をわり出した根拠は、和漢の歴史の省察にある。彼はまず『易緯《えきい》』・『詩緯《しい》』などの中国の緯書を引用し、辛酉革命・甲子革令の説を述べる。そして日本でも神武天皇即位以来、辛酉・甲子が大変の年に当ることを、『日本紀』・『続日本紀』等によって、つぎつぎに論証し、日本に事がないときには、中国の事実をつけ加えて、証とする。そして、いう。『史漢』を見れば、一元の終（即ち干支一巡）には必ず変事があるけれど、日本の古記ではときに変事のないことがある。それは文書記事の起りは養老に始まり、上古の事はみな口伝にでたのであるから、遺漏があるのであると。このようにして、彼は神武天皇以来、四六、二六の辛酉をあげて、何らかの変事のあったことを記し、そしていまの辛酉の用心しなければならぬことを論じたのである。この頃の緯書といえばむずかしい言辞をつらねて、歴史の歩みが一つの法則にしたがっていることを暗示した新学説であり、進歩的な学者の好みそうな説である。清行はこの法則をふりかざし、日本歴史をかえりみて、史実を探し、わりあてて、いまの政治の指針としたのである。歴史を今日の時務に役立てたこと、これほど効果的なものはあるまい。この建言の趣旨がとりいれられ、昌泰四年は延喜元年と改められ、かがやかしい延喜の治世は、はじまったのである。延喜の改元がこのような史学的考察の上になされたものであることは、あまり人には知られていない。そして、もしこれを功績とすれば、ひとり清行の学識と勇気とがたたえらるべきであろう。道真がこつこつと六国史の記事を分類整理して、『類聚国史』を作ったしごとと対比するとき、これは何とはなばなしい、当座の役に立った、歴史学の応用であろう。一は史料整備の基礎的作業である。一は歴史理論の政治への適用である。こんにちにおいてさえ顕著に見られる、史学研究におけるこの対蹠的な態度が、すでに千年の昔、道真と清行とに見られることを、私は興味ふかくながめるのである。

淡海三船

この外、奈良時代文人の首といわれた淡海三船《おうみのみふね》は、『続日本紀』の編修にあずかり、一家の著述としては、唐招提寺《とうしょうだいじ》の鑑真《がんじん》の伝記である『唐大和上東征伝《とうだいわじょうとうせいでん》』をあらわした。しかも古代史に対する彼の造詣を示すものは、神武天皇以来歴代の漢風諡号《しごう》をえらんだことである。これまで歴代天皇の称号は国風の尊号または諡号でよばれたが、中国の諡法により、各天皇の事績にふさわしい文字をえらんで、一律に漢様二字の諡号を定めたのは、天皇の命をうけて行った彼のしごとであった。その文字の選定は今日から見ても大体納得のゆけるものである。神武・崇神・仁徳など、『書紀』に伝える事績と歴史的地位とより見て、いかにもふさわしい諡号であり、継体・推古などは、とくにその事績についての深い歴史的洞察に発した選定である。彼の古代史についての理解は決して凡庸なものではなかったのである。

大江音人

大江氏で最初の文章博士となった音人《おとんど》は『文徳実録』・『貞観格式』の編修にあずかり、また別に勅を奉じて、『群籍要覧』四十巻・『弘帝範』三巻をえらんだ。この二書はいま伝わらないが、『帝範』は唐の太宗が皇太子のいましめとして帝王の心得べき条々を記した二巻の書であるから、『弘帝範』はそれを敷衍し、実例などをつけ加えたものではあるまいか。『群籍要覧』と共に彼の、経学・史学についての造詣の深さを示すものであったと思う。

歴代の国史の編修にあずかり、史学に一家の見識をもった学者は、ほかにも数多くあげられる。もはや、一々その名をあげることは省略しよう。ただ、先にも述べたように、このような史学者が輩出したからこそ歴代の国史の編修は可能であったこと、逆に国史編修がつぎつぎに続けられたからこそ史学者が養成せられた、という両者の深い相関関係を再びここに想い起したいと思う。

6　歴史編修の中絶

政府の歴史編修が六国史で終ったのは、どういうわけであるか。これを論ずる前に、事実を明らかにしておかねばならぬことは、政府は決して六国史で歴史編修をやめるつもりではなかった、ということである。政府はそのあとも、つづいて歴史編修を行ったのである。それは朱雀天皇の承平六年（西紀九三六）から、冷泉天皇の安和二年（西紀九六九）にいたるまでの三十四年もの間、撰国史所がおかれて活動していたことのうかがわれる文書があるからである。別当は、はじめ藤原恒佐《つねすけ》と平伊望《これもち》とが任ぜられたが、後に大江朝綱《あさつな》になり、その死後大江維時《これとき》になった。朝綱・維時は、ともに村上天皇のときに参議に列し、維時はさらに中納言に昇進した。大江氏出身の学者として令名の高い人々である。菅原氏の是善・道真の親子が、『文徳実録』・『三代実録』の編修にそれぞれ関与したあとをうけ、こんどは大江氏がその任にかわったとも見られるのである。

『新国史』

この撰国史所の成果は、『新国史』という名の史書として現れた。鎌倉時代にできた目録である『本朝書籍目録』に、『新国史』四十巻と見えている。大江朝綱の撰、或いは清慎公の撰とある。清慎公は藤原実頼で、村上天皇のときの左大臣、冷泉天皇のときの関白太政大臣であるから、その撰というのは、撰国史所の総裁としての位置によるのであろう。また、その内容は「仁和より延喜に至る」とあるから、宇多・醍醐二代をいみするものと思われる。また『通憲入道蔵書目録』という目録を見ても、『新国史』はあって、それには、延喜十一年から二十二年までの分、ただしその中十四年と二十一年の二年欠けていて、すべて十巻、延長元年から同八年まで八巻、などと見えるから、一年分が一巻にまとめられていたものらしい。宇多・醍醐の二代は、年数で四十三年となる。『書籍目録』に四十巻というのとほぼ合致する。どこか三年ほど一年一巻の原則を破った所があって、四十三年を四十巻にまとめたものであろう。

ところが、別に『拾芥抄《しゅうがいしょう》』には、『新国史』は五十巻で、『続三代実録』とも号したということが見えている。『続三代実録』というと、三代の実録でなければならぬから、宇多・醍醐に朱雀を加えたものとなる。朱雀天皇十六年が十巻にまとめられて、五十巻に増加されたのであろうか。思うに、『新国史』には、四十巻と五十巻との二様の本があったのであろう。そして、ほかの国史のように完成を奏上して、嘉納せられたようすは全くないから、一応原稿は作られたが、定稿とならず、未定稿で終ったものと見えるのである。未定稿であったから二様の本が伝わったのであろう。

以上の事実から、六国史で歴史編修が中絶したということは、正確には、編修のしごとはつづけられたが、完成奏上の手続をとることができなかったということ、手続をとるまでに定稿を得ることができなかったということなのである。だから歴史編修の中絶した原因としては、以上の事実の原因を求めればよい。それは確かな証拠はないけれど、編者の力が足らなくて定稿を得ることができなかったこと、あるいは、朝綱・維時・実頼ら編修者の相ついでの死去、村上天皇崩御後、冷泉・円融と相つぐ病弱または幼少の天皇の即位、安和の変などの朝廷の変事のために、国史編修を督励完成させて、奏上の手続をとる気力と熱意が政府要人の間に消滅したことなどが、直接の原因として考えられるであろう。

そして、それは奇しくも時代の大勢と一致する。律令国家の繁栄を支えた基礎的な構架の一つとして出発し、やがてはその威容を飾った表面の粉飾のいみをもった一連の史的現象、格式の編修、銭貨の鋳造、『日本紀』の講書といった事がらは、まさに、この国史の編修と歩みを一にして、二百余年継続ののち、朱雀・村上の朝において、いずれも跡を絶ったのである。それは班田制の崩壊による社会経済の変質、それにもとづく国家財政の破綻、中央の政治力の喪失による地方擾乱の発生といったような、十世紀以降顕著となった律令国家衰弊の本質的な病患から派生した、不可抗力的な衰退現象ともいうべきものであろう。背景にある、この大きな時勢の流れ、それに先にのべたような直接の原因が加わって、『三代実録』につづく国史の編修は有終の成果をあげることができず、遂に正史は六国史をもって終とするという歴史を作ってしまったのであろう。

『日本紀略』

政府の歴史編修は行われなくなっても、歴史にたいする人々の欲求は失われない。衰えたりといえども史学を学ぶ者の皆無になるはずもない。六国史・『新国史』以後も、六国史の流れをくんだ歴史は、若干作られたのである。その一、二をあげるならば、たとえば『日本紀略』である。この書は編修の時も人もわからない。内容は二部にわかれ、第一部は神代より光孝天皇までの六国史時代で、六国史の文を省略して記し、第二部は宇多天皇より後一条天皇まで、『新国史』をはじめ、政府の記録、諸家の記録を参取して、簡単な記事を立てたものである。政府の編修ではないが、政府の記録を閲覧する便のある人でなければできないものであり、官撰に准ずるような地位にある史書である。六国史のないあとの時代の史料としては、こんにち高い価値をもつものである。

『本朝世紀』

次に『本朝世紀』である。『本朝世紀』は、信西法師藤原通憲《みちのり》が鳥羽法皇の命をうけて、久安六年（西紀一一五〇）冬から編修を始めたもので、宇多天皇から堀河天皇までの歴史を目標としたのである。けれども出来上ったのは宇多天皇一代で、あとは未定稿であったらしい。いまはその宇多天皇の部分は伝わらず、未定稿の部分が、朱雀天皇の承平五年（西紀九三五）から近衛天皇の仁平三年（西紀一一五三）まで断続して伝わっている。材料はもっぱら太政官の外記局《げききよく》の日記によっており、外記日記のないところは諸家の記録によったもののようである。法皇の命を奉じてといい、外記日記の使用といい、これも官撰に近いものと見るべきである。記述された事項は、もっぱら宮廷の儀式、太政官の政務であり、六国史のような広い全国的な視野で書かれたものとはいえない。六国史の流れをくむものではあるが、とうていそれには及ばないものである。

『扶桑略記』

今一つは、『扶桑略記』である。叡山の僧皇円の撰んだもので、神武天皇から堀河天皇に至る編年体の歴史である。前二書が、官撰に近い性格をおびているのに比し、これは純然たる私撰であり、好んで逸事異聞の類を採録した。それには、それぞれの材料があったのであって、引用史料の名は条末に注せられている。引用書の中には、今日伝本のないものが多くあり、その点では本書の学術的価値があるが、書かれた歴史事実については疑わしいものがなしとしない。けれど、このような逸事異聞の書が世には案外歓迎せられるのであって、中世以降の一般の歴史知識は、六国史・『日本紀略』によらず、本書にもとづいていると見られるものが、非常に多い。影響力の大きい歴史書としては、見のがすことのできないものである。

二　物語風歴史と宗教的史論の時代

1　世継とかがみ　上

物語風歴史の出現

政府の歴史編修が中絶したあとの時代に、官撰史書のかわりとして現れた歴史書に、二つの種類があった。一つは、前章の末にのべた『日本紀略』・『本朝世紀』の類で、六国史の流れをくみ、体裁・内容ともに六国史に模したものであった。今一つは、官撰史書の批判のいみをもち、物語の手法を歴史叙述の中に入れたもので、物語風歴史ともいうべきものであった。この物語風歴史は、具体的な書名についていえば、世継《よつぎ》とか、かがみとかに総称されるものである。いま、も少し詳しく、物語風歴史の現れた事情を説明しよう。

歴史叙述に物語の手法を取入れるということは、これまで漢文で書くことを普通とした史書を、仮名文で書くということである。平安時代中期以降の仮名文の発達、漢詩にかわる和歌の興隆、作り物語の発生などの事象を思えば、史書の分野にも仮名文が進出したことは、時代の大勢で、少しも異とするには足らないことである。けれど、この場合は、たんに漢文が仮名文にかわったというだけにはとどまらないいみをもっている。そこには官撰歴史の欠点を補い、その達成することのできなかった境地を開こうという、歴史叙述の本質に迫る、すこぶる意欲的なものが認められるのである。

六国史は確実な事実の記録であるという点で史書の第一義にかなうものであったが、叙述の結果は年代記的な事項の羅列であり、これを読む人の魂を動かし、人情の機微をあらわすという力には欠けるうらみを免れなかった。外面に現れた事象は述べられているが、その内面にある人の心理や、生活の状態などは、一向に示されていないのであった。これに反して、平安時代に入って、仮名文の発達にともなって成長した物語は、そうした人の心理や、日常生活の様相を描写することのできる文学として、新しい境地を開きつつあった。もともと物語は、昔の歌をあげ、その由来の伝説などを記した、いわゆる歌物語から発生したという。『古事記』や、『万葉集』の中などに、歌物語の最初の姿を見ることができる。平安時代に、歌物語を仮名文で書いたものとして、『伊勢物語』・『大和物語』の類が現れた。そして、歌物語は二つに分かれて、日記と小説とになる。『土佐日記』・『蜻蛉日記』の類は前者であり、『宇津保物語』・『源氏物語』の類は後者である。そして、物語の主流は、しだいに小説的物語に帰したが、識者の中には、この物語の技法を国史の手法と比較して、物語のがわに凱歌をあげるものがあった。『源氏物語』の蛍の巻に展開された物語と国史との優劣論は、小気味よく、国史の盲点をついている。「日本紀などはただ片そばぞかし」と評した日本紀は、『日本書紀』一つではなく、広く官撰国史を総称した名である。平安時代に、日本紀について広狭二様のいみが発生したのである。国史などというのは固苦しい、趣のない名である。日本紀という方がやわらかく、平安朝的趣味にかなったものといえよう。それはともかく、日本紀などは片そばだといったのは、国史の記事の表面性をついた痛烈な批判である。そして「これらにこそ道々しく、くはしきことはあらめ」と、物語の具体性、全面性が、それに比べて称揚されたのである。作中に、このような見解を示した紫式部は、みずからの『源氏物語』を国史にまさるものとして著作したのであろう。すくなくとも、その意図は、第三者から観取された。日本紀をよく読んだものが、この物語を書いたのであろうといわれたとき、ひとは『源氏物語』の歴史性を見、歴史書に対する深い素養がなければできないと観じたのである。官撰歴史が物語風歴史に分派する道を開いたものは『源氏物語』であり、紫式部は史学にも高い見識をいだいた才女であった。

叙述の技法の上で、いかにすぐれたものをもったにしても、『源氏物語』はしょせんフィクションである。歴史とはいえない。書かれた事件がほんとうにあったことかどうかと問われれば、かぶとを脱がなければならない。そこで内容は歴史事実をとり、叙述の技法だけを物語にならった、新しい歴史叙述の方法が考えられた。言葉をかえていえば、官撰歴史が物語のがわからの批判にこたえる道として、その物語の手法を全面的に取入れて、自己脱皮をはかったものである。『栄花物語』・『大鏡』の類がそれである。文学者はこれらの書物を歴史物語という。この名は芳賀矢一博士あたりからはじめられたものだというが、史学者のがわからいうと、物語風歴史という方が、その書の本質にせまった名であると思う。

『栄花物語』

物語風歴史の最初と考えられる書物は『栄花物語』である。四十巻であるが、はっきり正続の二篇に分かれる。初の三十巻、「月の宴」から「鶴の林」までが正篇であり、第三十一巻「殿上の花見」以下十巻が続篇である。内容は一口にいえば、宮廷中心の編年体歴史である。正篇は村上天皇の天慶九年（西紀九四六）から後一条天皇の万寿五年（西紀一〇二八）二月まで八十三年を取扱い、続篇は後一条天皇の長元三年（西紀一〇三〇）十一月から堀河天皇の寛治六年（西紀一〇九二）二月まで六十三年を取扱っている。

編年体の形式をとっていることと、その初めを村上天皇の治世においていることとの二つの点から考えると、この書は政府の編修した『新国史』のあとをつぐという意図をもっていたのではないかと推測される。もちろん一つには先にのべたような、漢文の六国史風史体に対する批判のいみをもってはいたが、一つにはあとの絶えた政府の歴史編修を遺憾とし、その補いの役をはたそうとする意志をもったもののように思われるのである。

このことは、この物語の著者の問題と深く関連する。著者については、これを赤染衛門とすることが、鎌倉時代の『日本紀私抄』に見えるが、この説は江戸時代から今日の学者に至るまで用いられ、最近の松村博司博士の研究でも、これを支持している。ただしこれは正篇についていうことであって、続篇はおのずから別である。さて、赤染衛門は赤染時用《ときもち》の子であって、時用が右衛門志から尉をへたので、女房名を右衛門といったのである。藤原道長の妻倫子に仕えたが、のちに大江匡衡《まさひら》に嫁し、挙周《たかちか》を生んだ。歳ははっきりわからないが、後冷泉天皇の寛徳二年（西紀一〇四五）ころまで八十九歳くらいで在世していたらしいという。『栄花物語』正篇のでき上った年代は、内部のいろいろの徴証から、道長の死んでからいくばくもない長元年中と推定されるが、これを衛門の歳にあてはめると七十二、三歳の頃となる。九十近くまで生きた彼女としては、七十をこしてこの大著をなしたとしても、さほど不自然には感ぜられないのである。

ところで、衛門説には積極的にこれを旁証する一つの事実があると、私は思う。それは『新国史』との関係である。『新国史』は前にのべたように、大江朝綱と維時とが撰国史所別当をひきうけてできた書物であったが、それは『文徳実録』や『三代実録』が菅家によってなされたことに対する競争意識をおこさせずにはおかなかったであろう。しかも結果は未完成におわった。大江氏としては不面目この上もないことである。匡衡は維時の孫である。文章博士となって家学をついだが、維時・朝綱にこえるほどの器量もなく、朝廷における地位もさほど高くない、かれの詩文を見ると、ひたすら摂関家の庇護をうけることを望み、父祖の功業をおもい起して、その追憶のなかにひたろうとする様子が見える。彼は、祖父たちの残した歴史編修事業を完成すること、またはそのあとをつぐことに、恐らくは大きな関心をもったであろうが、微力でどうともすることはできなかったのではなかろうか。そこで赤染衛門は匡衡の妻として、夫の志を察し、『新国史』のあとをつぐ歴史を、いままでたれも試みなかった新しい物語の形式で叙述することを思い立ったのではなかろうか。それは女性の立場から見た官撰歴史への批判をふくんだものであると共に、大江氏の立場に立っての名誉回復・自己主張のいみをもったものではあるまいか。著者を赤染衛門とすると、私はこのような想像をたくましくするのである。

続篇の著者については、たしかな説はない。与謝野晶子が、これを二つにわけ、前半は出羽弁、後半は名の知れぬ女房の筆だと推定したことが行われている程度である。もともと続篇は正篇のように中心人物としての道長もなく、叙述における焦点もない。漫然と正篇の体裁にならい、次々に書きつがれたものらしい。この書は『源氏物語』を手本としている所が多いから、続篇は『源氏』の『宇治十帖』を模したものだという学者もある。その書かれたのは記事の終の寛治六年（西紀一〇九二）からあまりへだたらぬ頃であったろう。このような状態だから、『栄花物語』といえば正篇三十巻で代表させ、続篇は度外視しても、大きな支障はないのである。

『栄花物語』の史書としての性格について若干のべよう。

第一に、げんみつに編年体であるということ。巻の名は「月の宴」「花山」「さまざまの悦」などのように、内容にゆかりのある雅名をとっており、それは『源氏』や『うつぼ』のような先行の物語にならったものであるが、実際はこの巻の分かちは年時を追ってせられているのである。たとえば月の宴は天慶九年（西紀九四六）から天禄三年（西紀九七二）の初まで、花山は天禄三年九月から寛和二年（西紀九八六）六月までというたぐいである。また叙述のしかたも「はかなく年もかはりぬ」「かかる程に天延二年になりぬ」というように、六国史が某年某月某日と書き出しているのを、ただ仮名文にやわらげたにすぎないような、編年意識の健在を見るのである。

第二に、物語風史体の特質として、対象をすべて現実の生きているものと見、筆者がまのあたり見聞した事実のように叙述していること。したがって筆者は対象とともにわが身を動かして行くのである。月の宴では村上天皇を「今の上」と記し、忠平を「只今の太政大臣」と記し、花山の巻では花山天皇を「今の御門《みかど》」と記す。朝廷の儀式や仏事の有様は、人々の装束・振舞とともに眼前にあるものとしていきいきと叙述される。法成寺供養のようす、諸堂諸仏の描写は、この特質のよく現われた所である。

第三に、対象を筆者の見聞にとどめた結果、叙述の範囲がせまく限られたこと。筆者が貴族の女房であったことのために、視野はせまい宮廷・貴族の生活にとどまり、地方の状態や人民の生活はほとんど述べられていない。

第四に、記事には比較的誤謬がないこと。これは女房の日記、その他確実な記録を史料としているからであって、史書としての第一義たる真実性に忠実な結果である。また道長の栄花を叙べ、その人となりを讃嘆するのに誇張のいい廻しをしているが、しかし著者はすべての人に深い同情をもち、共感をいだいて筆を進めているのであって、まことにそれは善意の歴史ともいうべきものであろう。

第五に、文中引用の古典には、外典のほかに内典がおびただしく存すること。正編の巻数の三十巻も道長が常に法華三十講を修した事実に託しているらしい。仏事が深く生活の中に食い入り仏事興行を無上の善根とし、また娯楽ともした時代の情勢をもっともよく反映している。

『栄花物語』は、一名『世継』ともいわれる。また『大鏡』も『世継物語』といわれるので、古来名称の混乱がある。恐らく世継とは、もと普通名詞であって、世代の継承をいみしたのであろう。『古今集』の序に、「年は百年あまり、世はとつぎになむなりにける」とあるのはそれである。それから世代の継承を主題として記した仮名文の歴史の意に転じたのであろう。『五代帝王物語』に「神代より代々の君のめでたき御事共は、国史世継家々の記に委しく見えて」とあるのは、すでに国史や家々の記とならぶ史籍の一つのジャンルとして世継の名の用いられている事情を示している。

『栄花物語』は世継の最初の書物である。世継の名が史籍の一つのジャンルを示すようになったとき、『栄花』を『世継』と称したことにふしぎはない。『大鏡』でもそうである。それは大宅世継《おおやけのよつぎ》という老人の名にちなんで、『世継の物語』といわれたのだが、その大宅世継という人物を構想したことには、世継を史書と関連あるものと考えた時代の思潮がはたらいている。国史が世継にうつったこと、その名は国史の編年的な性格の面を重視して名づけられたものであるが、その基礎には漢文の仮名文への推移、正史の史体に対する批判の精神をふくんでいること、たびたびのべた通りである。

2　世継とかがみ　下

『大　鏡』

『栄花物語』とならぶ物語風歴史の圧巻は『大鏡』である。そして『大鏡』は『栄花』よりも叙述の形式に一歩を進めたものである。序文によれば、後一条天皇の万寿二年（西紀一〇二五）五月、雲林院の菩提講に参会した大宅世継・夏山繁樹《なつやましげき》の二人の老人が、その見聞した古今の思出を語るのを、二十歳ばかりの生侍《なまざむらい》が質問し、また補正しながら筆録した、という形をとっている。

その対象とした時代は、文徳天皇から万寿二年までであり、すべては万寿二年現在で書かれている。

ところで、例の、歴史事象を眼の前にあるもののように記述するという方針をつらぬくためにすべてをこの老人の見聞にまかせたので、老人は不自然に長命にされねばならなかった。大宅世継は貞観十八年（西紀八七六）の生れで、万寿二年には百五十歳であり、繁樹は藤原忠平が蔵人少将の時の小舎人童《ことねりわらわ》で、百四十歳であるという。『栄花』では、筆者は対象とともにみずからを動かしたが、筆者の身を明かすことはなかった。ここでは、叙述の真実性を高め、読者への効果をねらうために、実地見聞の人を明らかにするという技法をとったのである。これはもちろん技法の問題であって、事実とは関係しないが、ただ万寿二年五月の談話として、叙述の対象が万寿二年五月で終っているということは、事実である。

このことにからんで、この書の著作年代はいつかという問題が発展する。表面からいえば、万寿二年ということになるが、それがすでに叙述の技法として立てられた構想である以上、実際はそれよりおくれた時の著作であろうという想像が可能である。そして、そのことは、内外両面の証拠によって調べあげねばならぬ。明治以来さかんな『大鏡』研究史の焦点は、実にこの著作年代と著者とを中心にして展開したものであり、こんにちまでなお継続しているのである。

古くは序文にしたがって万寿二年著作説が一般であった。これに疑問を投じて、『大鏡』中不用意に万寿二年以後でなければ書けないと思われる若干の文を残していることをあげて、その著作を白河天皇以後であるとしたのは、藤岡作太郎博士であった。そして近頃、平田俊春氏は、『栄花物語』や『今昔物語』と本書との関係を丹念に調べて、『大鏡』はこの両書を材料としていることを論証し、したがって著作年代は『今昔物語』を鳥羽天皇の永久ごろ（西紀一一一三〜一一一八）として、それ以後でなければならぬとした。著作年代の下限については、西岡虎之助氏の説がある。氏は長承三年（西紀一一三四）に撰ばれた『打聞《うちぎき》集《しゅう》』に『大鏡』とその裏書とが抄録引用されている事実をあげて、『大鏡』はそれよりよほど以前の作であろうとした。そこで前述の上限をこれにあわせれば、『大鏡』の著作年代は鳥羽天皇の永久ごろから崇徳天皇の長承までの二十年ほどの間となり、万寿二年の額面からはまさに百年のちということになるのである。

つぎに著者はだれであろうか。これについての学説は大へん多い。名だけをあげても、藤原為業（旧説）、源道方（井上通泰説）、源経信（関根正直説）、藤原能信（西岡虎之助氏説）、源俊明（山岸徳平氏説）、中院雅定（平田俊春氏説）、藤原資国（梅原隆章氏説）、とある。これらのうち、俊明・雅定などの説が有力と見られるが、いずれも確証はない。ただ、これらの著者の説を、この書の著作目的と関連させて解するのが最近の傾向であって、たしかにそれはおもしろい着眼である。たとえば、この書は道長の栄花を主題とはしているが、それに批判的な見解を加え、またしばしば王威は摂関の権よりも上にあることを婉曲に諷している。これは現実の事態として、院政が摂関政治をおさえた事実を反映するものであり、藤原氏が摂関政治によって権を得たように、源氏は院政によって権を得ようとする希望をここに託したものであるとして、中院雅定説がとなえられ（中院は村上源氏）、同じ藤原氏でも庶流として下層の身分にあるものが、摂関政治を排して、王威に直接結びつこうとする希望をこめたものとして、勧修寺流の資国説がとなえられるようなたぐいである。

『大鏡』の史書としての特色は、『栄花物語』が平板な編年体であるのに対し、紀伝体にも類している。初めに天皇の本紀をかかげ、次に藤原氏の列伝を記し、最後に志類にも比すべき事件中心の昔物語の巻を加えている。読者に与える感銘は『栄花』よりもはるかに深いものがある。

つぎに叙述の技巧として、老人二人の語り合う話を本筋とし、時々侍に、それに対する批判をさせ、裏面の消息を語らせている。この批判や裏話は、『大鏡』の特色とする鋭い批判精神のあらわれであり、『栄花物語』などの思いも及ばぬ所である。

また歴史の推移の大勢を把握する的確さは賞讃に値する。まず叙述の範囲を文徳天皇から後一条天皇の万寿二年五月までとしたことである。藤原氏および摂関政治の栄花を描こうとすれば、北家中興の祖冬嗣の外孫にあたる文徳天皇からはじめるのが最も適切であり、道長の極盛も万寿二年五月として動かすことができない。七月になると赤もがさが流行し、かれの女寛子は七月に、嬉子は八月にともになくなって、子に先立たれる不幸にあうのである。また、冷泉天皇のときをもって世の衰える初としていること、朱雀天皇が生れなかったならば、藤原氏の栄えはこうほどではなかったであろうといっていることなど、大勢をとらえるのに正しさを失わないことを証している。

歴史観として、子孫の繁栄（子孫の数多く、心身共に健かで官位の昇進も順調なこと）をもって人生の最大幸福と見なし、その幸福は本人の才能や心がけとともに宿世《すくせ》の運命によって得られ、これにわざわいを与えるものは怨霊《おんりょう》のたたりである、という思想が全篇をつらぬいている。この本人の才能心がけに重きをおく史観は後に発展して『神皇正統記』の道徳史観となり、宿世に重きをおく史観は『愚管抄』の運命史観となる。『大鏡』ではそれらはまだ混沌として未分のうちにあり、将来発展する胚子を蔵していると見られるのである。

また本書では、人間の行為の価値判断や性格の批判に、しばしば「世人」の言葉を用いる。それは一つには、全く形式的な文章のあやの場合もあるが、一つには内容の上でも世人の判断や批判を重んずる著者の精神によるものと思う。その世人の範囲が問題であるが、これがせまい上層貴族や女房の間ではなく、より広く、庶民をふくめた世のすべての人々をさしていることは「ゐ中世界の民百姓」というような言葉が外に使われていることからも察せられる。三人の語り手がいずれも身分のいやしい官人のはしくれであることからも類推せられる。そこには広く一般人民の声を歴史に取入れるといういみがあり、正しい判断がこうした人民の声にあらわれるという著者の信念を示しているのであろう。天皇や皇后などの権貴に対する自由な批判の言葉もちょいちょい見えるが、これもこの書の庶民への親近性を感じさせる。

最後に書名である。『大鏡』という名は、すでに『水鏡』の中に見えるから、あたらしいものではないが、原作者のつけたものであるかどうか明らかでない、けれども書中、繁樹のよんだ歌として、

あきらけき　かがみにあへば、過にしも、いまゆくすゑのことも見えけり

世継のかえしとして

すべらぎの　あともつぎ〳〵　かくれなく　あらたに見ゆるふるかがみかも

などとあるから、著者は自分の叙述をかがみにたとえたことが知られるのである。『愚管

抄』に「世継の鏡の巻」と称しているが、これが著者の意に近いものであろう。歴史を鏡と見ることは、中国古来の歴史観であって、六国史の序文などにも見えていることであるから、このころの常識であり、それが日本的な表現をとって書名とされたものである。

物語風歴史としての『大鏡』が成功して世に伝えられた為か、その後この体裁をまねた歴史書がつぎつぎに現れた。鏡を書名にいれた三つの史書の出現はそれである。それらは、著作の年代からいえば、『今鏡』・『水鏡』・『増鏡』であり、対象の時代の順からいえば、『水鏡』・『今鏡』・『増鏡』である。尾崎雅嘉《まさよし》の『群書一覧』には、『今鏡』を省き、『大鏡』・『水鏡』・『増鏡』をもって三鏡と称すとあって、『今鏡』だけ他の三書とは別の扱いをうけた傾きがある。けれど物語風歴史である点では、みんなかわりはない。

ここではまず『今鏡』から述べよう。

『今　鏡』

『今鏡』は序文によれば、都の人が長谷詣をしたついでに、大和の寺廻りをしているとき、道で百五十余歳の老婆にあう。この老婆は『大鏡』の語り手であった大宅世継の孫であり、かつて紫式部に仕えた人である。そのゆかりで世継の語った万寿二年から以後のことについて、見ききして知っていることを語るという趣向である。時に嘉応二年（西紀一一七〇）である。この構想は『大鏡』に比べれば少し荒唐無稽であって、作為の幼稚さが目立つが、一面『大鏡』のあとをつぎ、他面『源氏物語』の趣向をも取入れるという物語風歴史の性格を正直に物語っている。

叙述の範囲は、後一条天皇から高倉天皇までであって、その嘉応二年でげんみつに筆は終っている。そこで『大鏡』の例にならい、著作年代は果していつか、遥に下るものではないかという疑がかけられるが、この場合は諸種の徴証から嘉応二年の著作として差支えないようである。それは、この書の古写本畠山本の奥書に「書写本六云、承安五年之比以二或人之本一書写畢」とあることである。承安五年は嘉応二年からわずか五年の後であるが、その頃すでに写本として伝わっているのであるから、嘉応二年のころ作られたとしていいであろう。もしこれを仮託しようとするならば、わずか四、五年古くしても意義はないはずである。その上、嘉応二年が万寿二年のような歴史的意義のある年ではないことである。後世からある時をえらぶならば、その時は何らかのきりめの時をえらぶであろう。ところが事実はそうでない。それは実際の執筆の時であったに過ぎないからである。ちょうど『栄花』の続篇が寛治六年で終っているが、これがさしたるきり目のときではなく、したがってそれに近い頃の執筆と考えられると同様である。

著者としては中山忠親（黒川春村説）、源通親（関根正直説）などがあげられてきたが、和田英松博士は、『日本紀私抄』に長門守為綱とあることからヒントを得て藤原為経（為忠子寂超）とする説の可能性のあることを述べた。

山口康助氏はさらにこれを発展させて、為経説の有力なことを論証した。為経は康治二年（西紀一一四三）五月皇后宮少進をもって出家した人で、官吏としては不遇であったが、文学を好んだ。歌人で『後葉和歌集』の撰もある。書中には為経の父祖に関する記事が多い。また為経の子の隆信には『弥世継《いやよつぎ》』の撰があるが、それは『今鏡』のあとの時代、高倉天皇から後鳥羽天皇までの時代を扱った仮名の歴史であるという。父の遺業をついだものと解すると、このことは自然である。

この書の構成は全部十巻のうち、初めの三巻を「すべらぎ」の上中下として、天皇后妃などの事績を編年順に記し、四、五、六の三巻を「藤なみ」の上中下として、藤原氏の事績を記し、七巻を「村上源氏」として村上源氏のことを、八巻を「みこたち」として諸皇子のことを、それぞれ記し、九巻を「むかしがたり」十巻を「うちぎき」として、主として古い時代の逸話伝聞の類を記している。各巻はまた「雲井」「子《ね》の日」「初春」というような多くの小篇に分かれており、これらを総計すると六十九篇にもなる。この本紀列伝的な部類の立て方は『大鏡』に摸したものであり、一方各篇の題名に雅名をつけたのは『栄花物語』にならったものであり、二書の後に出て、二書にならった本書の性格をよくあらわしている。

特色のあるのは、「むかしがたり」と「うちぎき」の巻で、ここには本書の叙述の範囲外になる古い時代の逸事伝聞が多い。だからこの部分は、巻八以上の本篇にたいしては全くの附けたりであって、『大鏡』の場合の最後の巻とは性格がちがうのである。『大鏡』では本紀列伝の部分に相当する時代の逸事であって、本篇と相まってその歴史の内容を豊かにするものであるが、この場合は本篇からは全く遊離したものである。それらの物語は、後の『十訓抄』・『古事談』の類にも見出されるものであって、鎌倉時代に発展した説話文学の濫觴《らんしょう》がここにあるともいえよう。このことは本書における歴史叙述への意欲が『大鏡』ほど高くなく、歴史の見方にも鋭さを欠いていることと関連するものであり、そこには物語風歴史よりも歴史風物語への傾斜が認められるといえよう。

歴史の見方の不十分は、視野の狭さにも見られる。叙述の中心が宮廷関係にあることはもとより、それも文学的な面に傾きすぎている。一体ここに扱われた時代は、武士が中央政界に活躍し出した時であって、保元平治の乱が貴族の心胆を寒からしめた時である。当然歴史としては、これについて豊かな叙述がされなければならぬ。それなのに、本書にはほとんど記述がない。これらは本書が歴史としては、対象の取上げ方に大きな欠陥をもつことを示すものである。恐らく著者は貴族出身の隠遁者であるから、新興の武家などはことさらに白眼視し、無視したのであろう。また、それだから現実をいとって、過去の学問文芸の物語を懐古し、そこに他人のまねのできない貴族の世界の誇りを感じたのであろう。そこには鎌倉時代の説話集に通じるものと同じ精神的根拠があるといえよう。説話集ならば説話集として存在の理由があるが、そのようなものが歴史とせられては、歴史は迷惑するであろう。本書が『大鏡』・『増鏡』などに比して、さほど喧伝せられないのは、文学として結構も文章もともに冴えず、読者に訴える所の少いのがおもな理由であろうが、一つには歴史書としても以上のような致命的な欠陥があるためであろう。この点で古来の評価は案外正確といってよい。

『今鏡』という書名は、序文に、『白氏文集』の百錬鏡の詩を和文にやわらげて「いにしへをかゞみ、今をかゞみるなどといふ事にてあるに、いにしへもあまりなり、今鏡とやいはまし」とあるのによったものである。

『水　鏡』

次に『水鏡』である。『水鏡』は『扶桑略記』の仮名交り飜訳というだけのものであって、独自の価値はない。序文には、初瀬に詣でて参籠《さんろう》した一人の尼が修行者に逢い、修行者が曾《かつ》て葛木山で仙人から聞いた古代の物語を尼に語り聞かせたとある。例の、見聞によって、歴史を書く体がここにも守られているのであるが、この場合に対象が悠遠の古代にあるので、見聞者をいかに高齢のものとしても間に合わない、やむなく年齢を超越した仙人としたのである。また巻尾には、本書の文辞もいやしく誤謬も多いことを卑下して、『大鏡』に及ばないことを述べ、『源氏物語』の著者さえ日本紀の御局といって笑われたから、本書もさぞや笑われるであろうと述べているあたり、『大鏡』と『源氏』とを先輩と仰ぐ物語風歴史の性格をよくあらわしている。そして『水鏡』の名は、『大鏡』ほどには行かぬが、そのかたちの正しく見えること『水鏡』ぐらいには行くであろうという、卑下と自信とからつけられたのである。

扱っている時代は、神武天皇から仁明天皇までであり、形式は『大鏡』・『今鏡』の紀伝風とちがい、六国史風の編年体である。この書については、材料を何にとっているかが学者の問題とされてきた。まず、この書は『扶桑略記』に負うところが多いということを明らかにしたのは、喜田貞吉博士であった。博士は、『水鏡』をもって、きわめて暗い史眼で『扶桑略記』を抄録し、これを多少敷衍して仮名文に翻訳し、更にとるに足らぬ偽説を加え、一篇の趣向を『大鏡』にならったものであると評した。これはまことにすぐれた着眼であったが、後にこれを発展させる人が出ず、『扶桑略記』による所は多いが、そのほかの正史・『霊異記』の類をもたくさんとっているという説が一般に行われた。ところが平田俊春氏は『水鏡』と『扶桑略記』との関係を徹底的に追及し、ついに『水鏡』は『略記』以外のものをとっていないという結論に到達した。

この問題で注意すべき点は、現存『扶桑略記』が完全な本でなく、欠けている部分があったり、抄略本であったりするということである。そこで両者の比較は、この完本の部分に限って行う必要があるが、その結果は、『水鏡』の記事は全部『扶桑略記』にあるということが知られるのである。『略記』の抄略本の部分を比較すれば、『略記』以外の他の文献をとったように誤認されるが、それも完本であればみな『略記』にもあったとみなし得るのである。次に今一つの点は、『水鏡』に流布本と前田家本という二つの系統があることである。前田家本は流布本に比べて記事が詳しい。流布本にないものがあるのである。そこで両本の前後について二つの説が考えられる。前田家本を抄略して流布本ができたという説と、流布本を増補して前田家本ができたという説とである。平田氏はこの両本と『扶桑略記』とを精細に対校して、流布本の記事はことごとく前田家本にあり、また『扶桑略記』にある、しかし前田家本にあるその他の記事は、全く『扶桑略記』にはないことを明らかにした。この事実から帰納されることは、前田家本は、流布本を増補してできたということである。そしてその増補の部分は、内容の特色から考えて、鎌倉時代末頃のものらしい。だから前田家本の増補の部分をもって『水鏡』の本来の姿に含めて考えることはできない。『水鏡』が『略記』以外の材料を用いたという判断の一つの根拠に、この増補の部分があったが、それは『水鏡』の本来のものとして論ずべきものではないのである。

つぎに、この書の著作年代であるが、平田氏は、文中にさしはさまれた僅かな著者独自の感想と思われるものを根拠として、後鳥羽天皇の初め頃であると推定した。この推定はほぼ納得される。著者は古来中山忠親という説があるが、確証はない。

『大鏡』で成功した物語風歴史も、その体をまねた『今鏡』・『水鏡』では、形だけを摸して精神をともなっていない。すべてエピゴーネンの陥る弊害におちて効果はあがらず、あたら『大鏡』の名ばかりを高める結果となってしまったのである。このことは一面では、文化の担い手である公家が、はげしい世の転変に没落して行くのに応じて示された独創的精神の喪失、萎靡《いび》退嬰《たいえい》の思想のあらわれに外ならない。そして没落する公家の最後のひらめきにも似たものを、この分野に示したものに『増鏡』がある。

『増　鏡』

『増鏡』は鏡類の最後にあたるが、その価値は『大鏡』につぐ高さにあると一般に認められている。書名の『増鏡』はあて字であって、意味は真澄の鏡である。序文に

おろかなる　心や見えむ　ます鏡　ふるきすがたに　たちはおよばで
今もまた　むかしをかけば　ます鏡　ふりぬる代々の　あとにかさねむ

の二首の歌があるが、これはこの書が『大鏡』以下の書物にならって書かれたこと、歴史を鏡にうつすように明らかに記すことなどの、叙述の精神をのべたものであるが、一面では『ます鏡』という名の出典をも示すものである。

叙述の形式は、鏡類の通有形式にしたがって、筆者が二月十五日の釈迦入滅の日に嵯峨の清涼寺に詣でて、年八十をこえた尼にあい、その尼の語る昔物語を記すということになっている。しかし、このことは全く申しわけ的な技巧であって、『大鏡』のように本文が巧妙な対話体に進められているというのではなく、大体平板な叙述に終始している。時に老尼の動作や感慨を挿入しているが、概してそれらは成功せず、木に竹をついだような趣を呈している。

対象とした時代は、後鳥羽天皇の即位から後醍醐天皇が隠岐から帰って新政を始めた元弘三年（西紀一三三三）までである。この範囲は、『今鏡』が高倉天皇で終り、『弥世継』が高倉天皇から後鳥羽天皇までを対象としたといわれているから、この『弥世継』のあとをつぐものとして機械的に後鳥羽天皇から始めたともいえるであろう。けれど、終を後醍醐天皇の隠岐からの還幸できっていることは、明らかにそこに歴史的意義をみとめた著者の史観の表明といえるから、それに対応するものとして後鳥羽天皇からはじめることにも意義をみとめたのではないかとも考えられる。この書の精神を見れば、後醍醐天皇の公家中興の政治を謳歌しているが、その中興政治のよる所を歴史に求めれば、当然後鳥羽天皇の承久の企てにさかのぼらねばなるまい。範囲を後鳥羽天皇から始めたことは、この書の著作目的の必然の結果であるといえるのである。

著者については、古くは一条冬良《ふゆら》、その父兼良《かねら》、その父経嗣《つねつぐ》などという説があったが、この書の写本徳川義親氏本は、応永九年（西紀一四〇二）六月三日の書写であり、その奥書のはじめには永和二年（西紀一三七六）卯月十五日の年月があって、その時の写本があったと推せられるが、冬良・兼良は永和以後の誕生であり、経嗣も永和二年に十八歳であるから、いずれも著者とするわけにはいかぬ。近頃では、南朝の忠臣四条隆資（中村直勝氏説）、『源氏物語』に精通していた人として丹波忠守（荒木良雄氏説）、南朝に縁があり、かつ和歌に精《くわ》しく、とくに二条為世の流のことにくわしいというので、二条為明（和田英松博士説）、旧説の二条良基（岡一男博士説）など、いろいろの説が出されているが、確定したとはいえない。ともかく宮廷のことに明るい公家階級の人で、しかも大覚寺統のがわにあり、後醍醐天皇の中興政治に多大の同情と希望とをもった人であることは動くまい。

著作の年代は、不用意に見れば、中興政治の始まった所で筆をおき、その後の破局を知らないもののように見えるから、中興時代の作のようにも思われるが、それは表面的な考察であって、その奥にあるものを著者の不用意の語からくみとるべきであろう。はやく『史籍集覧』を校訂した近藤瓶城《へいじょう》は、書中に京都を回復したことを高氏ひとりの功としたり、義貞の家を高氏の末家のようにしたり、義貞は高氏の子義詮をもり立てて兵をあげたように書いてあるが、これは高氏の現在の地位に引きずられての書き方であり、高氏が世を得たことを知らぬ人の書とはきめがたいといっている。和田英松博士は、書中に光厳天皇の皇子として三条公秀の女の腹に宮々があまたできたという文があるが、その皇子は建武元年（西紀一三三四）誕生の興仁《おきひと》親王（崇光天皇）、延元三年（西紀一三三八）誕生の弥仁《いやひと》親王（後光厳天皇）であるから、少くとも延元三年（暦応元／建武五）までの記事はあることになり、それ以後の著としなければならぬ、という。また下限は、書中に「今の高氏」と記した所があるが、この「今の」というのは、高氏の在世中に書かれたと見ねばならぬ。高氏は正平十三年（延文三年／西紀一三五八）なくなったから、それ以前である。即ち著作年代は延元三年から正平十三年までの二十年間であろう、というのが和田博士の推定である。従うべき説であろうと思う。

この書は十七巻あって、各巻には「おどろの下」「新島もり」のように、巻中の和歌からとった句を題している。十七巻の外に、二十巻の本もあって、古くは二十巻が流布していたが、十七巻本が原本で、二十巻本は後の増補であることが明らかとなった。この巻の名のつけ方は、『栄花』や『大鏡』にならったものであり、本文で編年的に史実を叙して行くしかたも『栄花』に似ている。『大鏡』のように、人物批判などに力をいれることはない。恒例・臨時の宮廷の行事、公家の男女の情事、和歌集勅撰のことなどがもっぱら取上げられ、宮廷の歴史としての性格がこい。西園寺公経のいとなんだ西園寺を昔の法成寺にも比すべきものとして、その結構をたたえ、公経の熊野詣の作法のめでたさは昔の御幸にもまさるなどと述べていることは、西園寺家の繁栄を示そうとしたものであるが、そのような公家生活の栄花に大きな価値をおいた著者の史観にもよるものである。

しかし、世は前代の藤原氏専権の時代ではない。政権の担当者は関東にあり、公家は常に彼らと交渉し、彼らの制肘をうけねばならぬ。したがって、この宮廷の歴史にも彼ら武家のことが当然入りこんで来なければならぬ。著者は、そのような、かれにとっては好ましからぬ現実を、かれなりに整理して、この書の中に取扱った。それは、表ではそうした現実をすなおに受入れつつも、裏にはそれに対する反撥・否定を常に蔵しているというしかたである。そこで具体的には、後醍醐天皇の討幕の挙を支持し、その先駈としての後鳥羽天皇の承久の挙をあげて、その失敗に同情する。後鳥羽天皇の隠岐への遷幸のてんまつを記した「新島もり」は本書中の圧巻であり、著者の天皇に対する深い敬慕と武家の処置に対する憤りとを示してあまりがない。頼朝が諸国総追捕使となり、家人を地頭に任じたことを記して、「この日本国の衰ふるはじめは、これよりなるべし」とあることは、公家政治を日本の唯一の政治形態と見る著者の政治史観を示している。

承久の変に、泰時が西上にさいし、もし鳳輦《ほうれん》を先立てて臨幸があったならば、いかにするかと、義時に尋ねたのに、義時は、君の御輿にむかって弓を引くことはいかがあらん、その時は兜をぬぎ、弓のつるをきり、ひとえにかしこまりを申して身をまかせよ、と答えたという話は、武士にも尊王の精神のあった例として喧伝されるが、私はこれは事実ではあるまいと思う。このような考えの義時が、かの乱後の苛刻な処置をしたとは思われぬ。これは全く『増鏡』の著者の幻想であり、希望であるにすぎない。承久の悲しい結果に当惑した著者は、せめて義時にも心中にはかような所もあったということで、はかない自己満足を求めようとしたのである。冷厳な現実を少しでも美化して受取ろうとしたのである。公武関係の彼なりの整理のしかたであったのである。

この後鳥羽天皇への追慕は、実は身近い後醍醐天皇の討幕の挙の支持に連っている。書中、後醍醐天皇の事績の記述が詳しく、大きな分量を占めていることは、一篇の叙述の主目的がそこにあることを示すもののようである。天皇が隠岐に流されて、後鳥羽天皇の旧跡をたずねて、昔の事を思出し、

かゝる所に世をつくし給ひけむ御心のうち、いかばかりなりけむと、哀に辱《かたじけな》くおぼさるゝにも、今はたさらにかく、さすらへぬるも、何により思ひたちしことぞ。かの御心のするゑや、はたしとぐると思ひしゆゑなり。苔の下にも、あはれとおぼさるらむかしと、よろづにかき集めつきせずなむ。

とあることは、恐らくは両天皇への知己の言であり、当時の公家が、両天皇の事業を一貫したものとして理解していたことのよき証となるものである。このような公家中興の政治の歴史的な理解において、及びその事実の叙述において、すぐれたものがあるので、この書は、

たんなる宮廷の歴史というせまい性格よりはこえたものをもっている。物語風歴史の、尽きんとする最後の炬火に一さし高くほのおをあげたものともいえよう。

なお本書は、史料として他の文献に欠けているところを補う力ももっている。北条時頼が剃髪の後、諸国を修行行脚して民の疾苦をきいたという話は、古来名高く、その抹殺説も出されたが、これを最初に記したものは本書である。また元寇にさいし、皇室でいろいろの祈願があったが、伊勢大神宮への願文に、「わが御代にしもかゝるみだれ出できて、誠にこの日本のそこなはるべくは、御命をめすべき」よしを手づから書かれたというのも本書である。この願文の主が亀山上皇か、後宇多天皇か、大正年代に学界をにぎわせた論戦があったが、問題は本書のこの一文の解釈にかかるのである。このような高い史料的な価値をもつのは、著者が、公家の日記、女房の日記、既出の史書などを多く参考し、正しくそれらを理解して、書中におりこんだ手腕によるものといえよう。

3　史論のはじめ

史論の生れた事情

物語風歴史が、古代の末から中世にかけての歴史書の大きな流れを示すものとすれば、宗教的な史論は、中世の歴史界のいま一つの特色をあらわすものであろう。物語風歴史の中にも史論的なものの萌芽をもったものはあった。けれども、歴史の大勢を概括し、仏教なり神道なりの立場に立って、歴史事象の意義づけを大胆にこころみたのは、鎌倉時代の初期にあらわれた『愚管抄』を初めとする史論の書である。それはこれまでの歴史書の全く思いも及ばぬものであっただけに、これを一つのグループとして、特筆する必要がある。

思うに、古代から中世へのうつりかわり、武家政治の開始、公家政権の没落は、有識の公家にとっては、たとえようもない深刻な体験をいみした。かれらは、現在の非運をむかしの栄花にくらべて、悲痛の感慨をいだき、さらに将来を思って大きな不安におびえたことであろう。ここに歴史を省察し、そのよって来た所が何にあるか、またどうしてこれに処して行こうか、という思索をめぐらさずにはいられない。官撰歴史の、たんなる事実の形骸の羅列に満足できないばかりか、物語風歴史の過去の栄光の思出にひたってばかりもいられない。ここに歴史のいみを考える、新しい史論の書は生まれたのである。だから、それはけっして観念の遊戯ではない。生きんがための、真剣の、魂のさけびである。現実の生活の中からほとばしり出た、必死の声であったのである。

なお、この時期にそのようなさし迫った考えをおこさせた、いま一つの原因には仏法の末法説がある。末法説とは仏教の下降的歴史観の所産である。仏滅後、世は正法・像法・末法の三期に分かれ、時のくだるにしたがって仏法は行われず、世は衰えて行く。とくに末法の世には、仏の正法は地に落ち、破戒無戒の者が多く、天災地変はしきりに起り、闘争はちまたにたえない。そして、末法のはじめは永承七年（西紀一〇五二）と計算された。古代の末から顕著になった地方武士の興起、僧兵の跳梁、災変の頻発などは、まさに仏の予言の適中を思わせるものがあった。そして、その勢いは、源平の争乱をへての鎌倉幕府の創立で、極点に達したともいえよう。それはまさしく末法のさだめである、人の力ではぬけきることのできない重圧と感ぜられたのである。

『愚管抄』

さて史論書のはじめとして、古来ゆるがぬ位置を占めるのは『愚管抄』である。この書は天台座主大僧正慈円（諡《おくりな》慈鎮）の著である。慈円は関白藤原忠通の子で、九条兼実の弟である。久寿二年（西紀一一五五）に生まれ、戦乱の世に人となり、建久三年（西紀一一九二）三十八歳で天台座主となったが、爾来九条家の政治的浮沈に応じて、座主を辞し、またこれに任ぜられること、三回に及んだ。常に教界最高の地位にあり、嘉禄元年（西紀一二二五）七十一歳で入滅した。

かれは内外の学に精しく、またよく歌をよみ歌人としての名も高い。その歌集は『拾玉集』として知られ、花鳥風月を詠んだほかに、世を思い、国を思い、仏法を詠じた歌が多い。

ところで、かれはいつ、どうして『愚管抄』を著述したのであろうか。著作年代は、内容を検すると、本文は承久二年（西紀一二二〇）十月で一旦脱稿し、その後はじめの年代記の部分に多少の書き足しをし、貞応三年（西紀一二二四）で終ったものらしい。ところが、この承久二年ないし貞応三年というのは、大へんな年である。承久三年には、承久の変があり、公家社会をゆり動かした大変動があったのである。この書がこの変動の前に書かれたか、後に書かれたかということは、大きな問題である。したがって、学説としても、表面承久二年をよそおっているが、実は変後に書いたものだという説も出されている（津田左右吉博士説）。けれど学界の大勢は承久二年説をとっており、私もそれにしたがう。かれには比較的多くの消息や願文の類があり、その思想をあらわしているが、承久の変の前と後とでは、思想に格段の相違がある。そして、『愚管抄』にあらわれた思想は変前の思想と共通し、変後の思想とは合わない。承久二年という年はけっして仮託とは思われないのである。

つぎに著作の動機についても、かれの願文が語っている。それは貞応元年（西紀一二二二）に書かれたと推定されるものであるが、これによると、かれは建保四年（西紀一二一六）正月、かれにとって喜悦きわまりない霊告を得たのである。わが願と冥感とが符合し、真諦《しんたい》と俗諦《ぞくたい》とが相応じた喜びと称している。これによって、かれは思索にふけり、七年の歳月を費した。そして一昨年重ねて霊告をこうむり、昨年成就した。けれど五、六月に大事があり、七月には願がはずれたとある。昨年成就したというのは承久三年四月、かれの外曾孫にあたる仲恭天皇の即位、甥の子に当る九条道家の任摂政であり、五、六月の大事とは承久の変であり、七月にはずれたというのは、仲恭天皇の遜位、道家の摂政解任である。だから建保四年の霊告がどんなものであったかは書いてはないが、これから察すれば、九条一門の俗的権力の伸張をのべたものであろう。かれは仏門には入ったが、その出身の九条家の名利の保持に心をなやまし、その盛衰に一喜一憂したのである。そして建保四年の霊告以来思索にふけり、七年の歳月をついやしたのは、恐らくは『愚管抄』の執筆に要した思索をいうのであろう。だから、『愚管抄』は、このような俗的権力の伸張に喜び、その将来の保持を願った、きわめて現実的・功利的な動機から執筆された、自己主張の宣伝または陳情の文である。純真な学問的関心から出た史学理論の書物などと思うのは大きな買いかぶりであるといわねばならない。

この書はいま七巻の本として伝わっている。初めの二巻は年代記で、三巻から六巻までは時代時代の評論であって、七巻は附録として、全史を大観し、未来の事にも及んだ意見の部分である。ところで、『本朝書籍目録』には六巻とあるので、伴信友は、附録の一巻がないから六巻で、附録は人に秘して見せなかったのであろうと考えた。しかし、いま二巻になっている年代記がもとは一巻であったとも考えられるから、附録をいれて六巻でよいという説も成り立つ。これはどちらともきめられない。

次に内容について説明しよう。年代記は、初めに漢家年代と題して、中国の王朝と帝王の代数・年数などをあげ、次に日本の神武天皇から歴代について、在位年数、即位の年、后妃・皇子女の数などをあげ、あとに執政の臣・大臣・摂関・天台座主の名、任免の年月などを記している。この体裁は他の年代記と大差がないが、摂関・大臣・座主の任免について詳しいのは、この書の著作の精神からいって当然であろう。

巻三以下は年代記の事実をさらに詳しく敷衍し、その意味を考え、一流の解釈を加えたものである。さてそこに記されている事実は正しいものであるか、どうか。著者はどうして、その史実を定めたかを調べて見ると、かなり史料を重んじ、慎重に史実を検討しているといえるようである。ことに、かれが物心ついてからの時代については、身をもって見聞した事実を記しているから、当時の他の日記記録に劣らない史料的価値をもっている。しかも、その叙述の体は、物語風歴史にならって、人々の行動を目の前に見るように記す方法をとっているので、漢文の正史などでは描写し得ないところを描写している。

『愚管抄』の史観

次に、このように定められた歴史事実に対して、かれ一流の解釈をほどこすのである。その解釈の立場は、かれの教養や、現実の環境や、それに処する希望などの、複雑な構成の上にきずかれるのであって、これを概括することは、なかなかむずかしい。かれは道理という言葉を頻繁に用い、げんに歴史の推移の根源にあるものは道理である、歴史は道理の顕現であるという考えを示しているから、かれの史観は道理史観であると、一口にいわれる。けれど、かれの道理はきわめてあいまいな概念であって、場合によりいろいろないみに用いている。だから道理史観というのは、ただ言葉をいいかえただけで、史観の本質は何ら明らかにはならないのである。そこで、かれの歴史解釈のしかたを知るには、一々の具体的な場合について検討するより外はない。

たとえば、崇峻天皇の弑逆について、かれは、一応はそれをあるまじきことであるとし、その責任者である蘇我馬子に何の刑罰も行われず、聖徳太子がそれと一つ心でいたことをいぶかって、そのいみを次のように考える。それは二つのいみをもっている。一つは仏法が王法を守るということである。仏法がなくては王法はあり得ないといういみをあらわすのである。いま一つは、ものの道理には軽重がある。重きについて軽きをすてるといういみをあらわしている。馬子は太子と力を合せて仏敵たる守屋を滅したのであるから、仏法保護の大臣である。この人によってこの国の仏法は栄えるべきである。しかるに崇峻天皇はさしたる徳もなくて位につき、この大臣を殺そうとした。大臣は仏法を信じた力で、己れの殺されぬ先に天皇を弑したのである。これはつまりこの後仏法が栄え、仏法によって王法は守られて行くということである。そして推古天皇が即位して、太子が執政し、仏法王法を守って行ったのは、その時の重い道理である。この重い道理が他のいかなるものをもおさえて、この時あらわれたのである。

以上が著者の考えであるが、この考え方の基調をしらべれば、まず第一に、歴史事実を肯定し、是認していることである。そして強いて、その正しさを証するためのいみを考えるということである。第二に、仏法と王法との提携、それも仏法を優位においての提携、仏法の栄えるためには、時に王法はそのぎせいになるのもやむを得ないという考えである。歴史事実の肯定的理解と仏法至上の解釈とは、かれの史観の主要な支柱をなすのである。

他の例を引くならば、平家の滅亡にさいし、安徳天皇が入水し、宝剣が海中に沈んだことの説明である。安徳天皇の入水は未曾有の大事件であるが、かれはこれを当然のことと肯定する。なぜならば安徳天皇は、平清盛が厳島明神の利生《りしよう》によって祈り出した天皇である。ところが厳島明神は龍王の娘と伝えている。明神の深い志に答えて、龍王が天皇に生れ出たのである。だから最後は海にかえったのであると。八歳の天皇の入水という、いたましい事実も、かれはこれを肯定するのである。そうなった時勢について、またそうした処置をとった人にたいして、何の批判をも加えないのである。

宝剣の紛失も、武士が君の守りとなる世になったという事実から説明される。もともと宝剣は、君の武のおん守りとしてあるのである。しかるに、今は武家が天下をとり、君もこの武家の将軍の心にたがえては存在しがたい世になったことを、大神宮・八幡大菩薩も認めたから、天下の守りとしての宝剣は無用になったのであるという。ずいぶん無茶な議論であるが、こうしてまでもかれは歴史事実をジャスティハイするのである。

菅原道真の左遷については、かれは時平の讒言を事実とし、天皇自身はゆゆしきひがごとをしたと思ったであろうと想像する。しかし道真は観音の化身であって、末代の王法を守ろうとしたのである。もし道真が時平をあくまで敵と考えたならば、摂籙《せつろく》の家は末栄えるはずはないのに、事実は時平の弟忠平が摂籙家として子孫が繁昌しているのである。これは道真が日本の小国に内覧の臣が二人並ぶことはよくない、しかも大神宮と鹿島の神との約諾は末違うべきではない、そこで藤原氏を守ろうとして、わざと時平の讒言にのってわが身を失ったのであると。まことに恐れ入った藤原氏本位の解釈であって、道真も地下で苦笑するほかはあるまい。そして、この考え方の基調は、すでに他の場合にも見られたように、歴史事実を与えられたものとしてすなおに肯定し、その正当であるという根拠を三神約諾説（大神宮・春日・八幡）・君臣魚水合体説・王法仏法提携説というような、都合のよい意見から説明しようとするものである。

以上の諸例によって、かれが歴史の推移を当然の理法によるものと考えたことはわかるが、その当然の理法はきわめて融通のきく、いろいろな意見であって、一定不変なものではなかったのである。かれの会得したあらゆる学説、信仰、現実に処する経世策など、たとえば仏説では成住壊空《じょうじゅうえくう》の四劫《しごう》説、正像末《しょうぞうまつ》の三時説、因果応報説、外典では天人感応説、道徳政治説、経世策では、仏法王法提携説、三神約諸説などを、時と場合に応じていろいろと援用するのである。そして、これらの中には互に矛盾するものもあり、厳密には両立できないこともある。けれどもかれはこれを混在させて怪しまない。今日の言葉でかれの史観を要約すれば宿命史観といえようが、しかし万事を宿命に帰するのでもなく、道徳の力をみとめ、政治の正しさの必要を説くのであり、末世を強調する下降史観をとりながら、その中でも人の努力によって、これを持ち直すことができるという、希望を将来にもつ立場をとるのである。

このような矛盾は、かれの史観の純粋性をそこなうものであって、学説としては致命的な欠陥であるが、これを経世論として見るときは大きな意義をもっている。そして『愚管抄』一篇の著述の意義もその間に求められる。いま少しこの点を追究しよう。

『愚管抄』の経世論

かれは正像末三時説にもとづき、かれの時代が末世であることを信じ、また百王説にもとづいて、百王の残り僅かに十六代と信じた（順徳天皇は八十四代）。そして、この見地に立って、日本歴史の時代区分を試み、七時代を立てた。その区分の基準は、道理の現れ方によってはかられる世の衰えの程度にある。ここにいう道理とは正理・正道というほどのものであって、古くは正理正道ばかりで世は動くが、しだいにその正道が世にあらわれず、第六期の後白河天皇以後は無道を正道とし、ひがごとを正しいとする時代であり、第七期のいまは道理というもののない時代である。

このように時に従って、世の衰えが増すならば、現在は過去に比べて最悪の時であり、前途には全く希望をもつことができない。かれはかような望みのない心の懊悩をのべるだけに終っているのであろうか。ところが事実は必ずしもそうでない。かれが歴史事実を常に肯定し、その正当性を主張していることは、言葉をかえれば、現在を肯定し、現在がある正しい状態をあらわしていると考えることの、過去に向っての投影であると考えられる。具体的にいえば、かれはその正しい状態を当時の朝幕関係の上に求める。源氏のあとの絶えた鎌倉幕府の主として、九条道家の子頼経がわずか二歳で将軍に任じたことをもって、八幡大菩薩の神意の実現であり、文武兼行の執政の臣の出現であるとして、理論的にも歴史的にもその正当性を強調する。現在を最悪と見る考えと、現在における理想的な執政の臣の出現という事実とは、明らかに矛盾する。そして矛盾するのにふしぎはない。一は、仏教の超越的な歴史観の無批判の採用であり、一は現実の経世策または自己保身の政策からの立言であるからである。

時運循環の説

しかし、さすがにかれも、この矛盾を放置したままで、二つの意見を混在させようとはしなかった。これを調和させるために、時運循環の説をとなえたのである。すなわち大局からいって世は衰えるが、しかしその間に盛衰の交代がある。衰える時がつづけば、やがて持ち直して盛んになる時がある、というのである。かれは、このような盛衰循環の説をとって、一世を風靡する末法説との調和を図ろうとしたのである。ところで、この盛衰の循環は何によって起るか。かれはこれを人の力によると考える。具体的には、正しい政治のあり方、正理に従う人の努力によると考える。もし末法観を固守するならば、運命史観となり、人の意志も努力もその意味を失ってしまう。そこで末法観に盛衰循環史観を加えたことは、運命史観の束縛からはなれて、人間の自由意志の力を認めるという、重大な思想の転換をいみしたのである。

この見地から試みた歴史解釈の一例を示すならば、醍醐天皇の条に、

コノ御トキ彗星タビ〳〵イデケレドモ、メデタク徳政ヲオコナハレケレバ、事モナクテノミスギケルト申ツタヱタリ

と、徳政によって天災をも回避したと記し、また同じく醍醐天皇について、

アハレ〳〵王臣ミナカヤウノ事ヲフカク信ジテ、イサ、カモユガマズ、正道ノ御案ダニモアラバ、劫初劫末ノ時運ハチカラヲヨバズ、中間ノ不運不意ノサイナンハ侍ラジ物ヲ、サレバヨクヲコナハル、世ハミナ妖ハ徳ニカタズトテノミコソ侍レ

と、徳による妖の制圧が説かれている。

そして、この原理をかれは現在及び将来に適用する。そしてそこに『愚管抄』著作の眼目は存するのである。すなわち、かれは頼経の将軍就任による文武兼行の執政の出現を、根源にさかのぼれば伊勢・春日・八幡三神の約諾の実現であるとする。そしてまた、鎌足・百川・基経などの藤原氏の先祖が朝廷国家に尽した功績で知られるように、君臣魚水合体の必要を力説する。そしていまこそ、この執政をもり立てて行くことが朝廷国家の最大の急務であり、そこに君臣の心がまえと努力が必要であるというのである。

今コノ二歳ノ人々ノヲトナシク成テ、世ヲバウシナイモハテ、ヲコシモタテムズル也

と、二歳の頼経に一世の興廃をかける強い期待をよせるのである。だから、これを白眼視し、疎外する後鳥羽上皇に対し、かれはこころよく思わない。かれは君と摂籙の臣との結び

付に対し、近臣が現れて水をさすと忌憚なく申し立てる。君もこの文武兼行の執政を疎外しては、君の位置は安泰でなく、国の運命もきわまると極言する。

コ、ニカ、ル文武兼行ノ執政ヲツクリイダシテ宗廟《そうびょう》社稷《しゃしょく》ノ神ノマモラセラレヌルヲ、ニクミソネミヲボシメシテハ、君ハ君ニテヱヲハシマスマジキ也

そして、この後、これだけではあまりに自家本位の議論であることを反省したのであろう。このことは頼経将軍の場合だけのことではない、君の心得として、ほかの将軍の場合であっても、これをにくんではならない、ということをつけ加えている。

以上、慈円の思想が複雑であって、矛盾する諸要素を大きく包含している事情の一端を示したのであるが、最後に、かれが摂関家とくに自己の出身である九条家の利害をはかるに汲々としている一方では、また真のいみで国家を憂え、皇室を尊び、人民の安寧を希《ねが》った人であったこと、この点でも矛盾を包含していると見られることをつけ加えよう。かれは政道の上で摂籙の必要を強調したが、天皇の地位の絶対についてはいささかの疑もいだかない。皇位は常に皇胤に伝うべきものであるという皇統の一系を日本独自のものと主張する。またかれは人民大衆に深い愛情をよせる。政道の極致は、世のため人のための幸福にあることを力説し、物いわぬ人民の上をおもんぱかる政治の重要性を説いている。これらの思想は『拾玉集』中に見えるかれの歌によくあらわれている。

大井川　ふけゆく　夜半の鵜飼船　これも世わたる道にぞありける
奈良よりと　聞ゆる瓜を　大和路や　いかで持つ夫に　少しゆるさん
君を祝ふ　心の底を　たづぬれば　まづしき民を　撫づるなりけり
ちはやふる　神ぞしるらむ　わが君を　ねてもさめても　祈る心に
心ざし　君に深くて　年たけぬ　また生れても　またや祈らむ

このような歌を見れば、かれの思想は純粋無雑、朝家人民を思う外、何物もない。そこには美しい魂、気高い精神の躍動を見るのである。しかし一面では上述したような九条一家の利益に執した私的打算の思想もまた顕著である。慈円はこのような複雑な心性の持主である。『愚管抄』も、一筋なわで律せられる歴史理論の書ではない。現実の経世策とこまかにからみあい、世俗的な目的をあまりにももった史論書であったといわねばならない。

4　軍記物語

十二世紀の末から十三世紀にかけての動乱の時代は、独自の史論書として『愚管抄』を生んだが、一面では新しい歴史文学として軍記物語を生んだ。軍記物語はげんみつには歴史書とはいえないであろう。世継やかがみが物語風歴史であれば、これは歴史風物語とでもいうべきであろう。けれど、それは歴史に無縁のものではない。文飾・附会・誇張・作為がたくさんあるにしても、根本の意図は歴史的関心にあり、歴史事実なり歴史的環境なりをひとに伝えようという意志にもとづいていることは認めねばならぬ。個々の事実の正確さに欠けてはいても、その背景にある思想や世相は確な事実であり、また物語として人心の機微を表現する力が官辺の記録などの及びもつかぬ境地を開いていることは、物語風歴史と同じである。そこで、軍記物語も歴史叙述の一種として考えなければならぬであろう。

さて、この時代の軍記物語として、名高いものは、『平家物語』・『源平盛衰記』・『保元物語』・『平治物語』などである。このうち『盛衰記』は『平家』の一つの異本であり、『保元』・『平治』は『平家』にならった後出の書であるから、代表的なものは『平家物語』である。ただ軍記物語の沿革を考えると、『平家』をもって初とすることはできない。古代にあらわれた『将門記』・『陸奥話記』の類に眼をそそがねばならない。

『将門記』

天慶の将門の乱は、平安時代の太平を破った最初の大事件として、朝野に与えた驚きが大きかったから、その顚末を記録して後に伝えようとする意図は、当然識者の間に起ったことであろう。それは政府の公の記録としても書きとどめられたであろう。しかし、それとは別に私の著書として、固苦しい歴史記録のわくをこえ、豁達《かったつ》な文体をもって、著者の主観を自由に吐露する方法も考えられたであろう。『将門記』はそのようなものとしてあらわれたものである。

『将門記』の性質については、古く星野恒博士の考説があり、それが長く行われた。その説の要旨は、この書の末に天慶三年（西紀九四〇）六月中記文とあるから、将門滅亡（天慶三年二月）の後数月を出ない内に、其の見聞した所を書いたもののようである。書中の地名はよく実際の地理にあい、朝廷の行事は詳しく記されていないから、東国の在住者で文筆に熟達した人が書いたものであろう。また文中仏理仏語を述べた所があるから、或は僧侶の手に成ったものであろうか。ともかく実録として記述詳細、すこぶる曲折をつくすというのである。

これに対し、山中武雄氏の試みた修正によると、この書は東国在住の人が見聞した所を書いたというような、なまの記録ではない。中央にいる人が、いろいろの史料を集めて編修したものである。史料としては、朝廷の記録や坂東諸国からの解文《げぶみ》などの確実なものを使っているが、所々に誤をおかしたり、十分に史料をこなしていないという憾《うら》みがあると。

この山中氏の修正は正しいと思う。私はさらに、その上に、この書は天慶三年六月というような乱後数月の近い時にできたものではなく、かなりのちに、中央在住の文人が、史料とともに史料をのりこえた創作をも加えてまとめた物語的性格のものである、ということを述べたいと思う。物語の重要な要素を仮名交り文と規定すると、この書は漢文であるから、物語とはいえない。けれども物語的であって、軍記物語の祖とするには一向差支ないのである。

一見、事実の記録と思われるような所にも文飾があり、造作がある例をあげるならば、将門が、常陸・下野・上野の国府を手に入れたとき、上野の国府で八幡大菩薩の使が来て、朕の位を将門に授けるといったことから、将門は喜んで新皇と称するのであるが、その時弟の将平は、天皇の位は競い争って取るべきものではない、といってこれに反対する。将門は、今世の人は必ず実力をもって打勝った者が君となる。日本に例はなくても外国にある。去る延長年中契丹王が渤海国を討取ったのはその例である、といってこれを斥けた。将門の謀叛がここで初めて表に現れたという重大な事件であるが、この記事はどこまで事実を伝えているか、疑わしいのである。

その将平の諫めの言葉などは、唐太宗が撰んだ『帝範』の文をそっくりそのまま取ったもので、明らかに作文である。また将門が渤海滅亡の事実を知っていたかどうか、将門の知識というよりは、知識人たる『将門記』編者の知識と見る方が妥当であると思う。またこの日、将門は旧主摂政忠平に書状を送って、自分の閲歴をのべ、常陸の国をおそった止むを得ない事情を陳じ、旧主が摂政の世にこの乱を起したことをわび、旧主の恩を忘れないと称し、礼をつくして自分の所行の了解を求めている。すでに新皇と称し、天下の君となろうとした人としては、あまりにも心の弱い、おかしい文句である。これでは新皇と称したという事実そのものまで疑わしくなるのである。こうした重要な点について潤色のあとがかなり濃厚であり、記事の劇的な興味をもろうとした意図がうかがわれるのである。

また、このあとで、関東諸国司の除目《じもく》を行い、王城を建てる地を定め、大臣以下文武百官を任じ、内印《ないいん》外印《げいん》の寸法まで定めたが、決しなかったものはただ暦日博士のみであったという。このことも古来人口に膾炙するところであるが、大臣以下文武百官の名は一人も具体的に記されていないのであるし、事実、将門の腹心の者はみな関東諸国司に任じてしまっているので、それ以上大臣になる人があったとも思われない。だからこのことも事実ではなく、暦日博士だけ人がなかったなどというのは、全く世人の興味をねらった創作である。

以上の例で知られるように、『将門記』は、確かな史料を使っているようではあるが、これを取扱う態度は固くなく、著者の自由な創作をゆるしているのである。軍記物語の祖としてふさわしい性格をもっていると思う。

『陸奥話記』

つぎに『陸奥話記』もこれに類した軍記物語である。対象はいわゆる前九年の役で、陸奥国司源頼義が安倍頼時・貞任を誅した戦の顚末を記したものである。巻末に国の解文と衆口の話とを抄して一巻に記したとあるから、『将門記』と同じように確かな史料を使っていることが知られる。また、筆者は千里の遠い所にいるので定めてまちがいが多いであろう。実を知る者はこれを正してほしい、とも書いているので、筆者は現地を遠くはなれた京都の人であろう。また誤は正してほしいというのは、実録を残そうとする意志があったことをうかがわせるのであり、内容を見ても『将門記』よりは実録的な要素が多いようである。けれども漢文の文飾による誇張したいい廻しは随所に認められ、君臣の情義、武士のたしなみ等の興味深い挿話をとり入れ、とくに武士の精神を理想化して描いたところも見うけられる。軍記物語的な要素は多分に存在するといってよいのである。

このような先駆的の業績がある上に、扱うべき対象として公家の没落、武家の興隆という画時代的の事実、とくにそれを象徴的にあらわした平家一族の興亡という事実があり、表現する方法として、仮名交り文が発達して、多くのすぐれた物語を生んだ文学的環境が成熟したのであるから、鎌倉時代に『平家物語』のような軍記物語の傑作があらわれたことも、自然の帰趨といえるであろう。

『平家物語』

『平家物語』については、考えるべき多くの問題があるが、まず異本についての考究は、あらゆる問題の基礎になるものとして欠くことができない。なぜならば、この書にはきわめて多くの異本がある。明治四十四年に発表された山田孝雄《よしお》博士の研究によると、諸本は三門・十七類・三十種とされたが、昭和に入って高木武博士はそれを増補して五門・二十二類・四十四種としている。このように異本が多いのは、この書が平家琵琶として語られて行く間に、意識的の増補改刪《かいさん》、無意識の変改などが無数にせられたためであって、普通の書物のように、原著者が書いたままの形をもって伝わったものではなく、後世の多くの人の手の加わった書物である。いわば時代と共に成長し、国民の間に育てられた書物である。原著者の思想がもとより核心にはあるが、その時代の国民一般の思想がこれを支え、またこれを蔽うているのであって、国民文学の名にふさわしいものといいえる。

異本のこまかい説明はここでは省略するが、異本が巻数に関係するということは、一言しておく必要がある。流布本は十二巻であって、その外に灌頂巻《かんじょうのまき》をおくが、この灌頂巻をどうあつかっているかで諸本は大きく分類される。ところで、この十二巻の流布本に対し、その前の段階として六巻の本があるが、さかのぼれば三巻の本もあったと推定される。また逆に十二巻の巻数がふえたものに、二十巻の長門本、四十八巻の『源平盛衰記』がある。三巻から四十八巻までにふくれ上ったという沿革に、この書のもつ特異な性格はひそんでいる。

著者と著作年代の問題も、この異本の問題ときりはなすことはできない。著者は古く『徒然草』に、信濃前司行長という説があり、ほぼこの説が行われている。山田博士は、この人が三巻または六巻の『平家』を作り、吉田資経が十二巻の『平家』を作ったという。著作年代は三巻本は承久以前のもの、流布本は藤原氏将軍の時代という説が行われる。後藤丹治氏はさらにこれを限定して、流布本は仁治三年（西紀一二四二）以後建長四年（西紀一二五二）以前の十一年間にできたものとした。仁治三年というのは、この年後鳥羽院の追号が贈られたからであり、建長四年というのは、この年藤原氏の将軍が絶えたからである。また『盛衰記』は宝治元年（西紀一二四七）から建長元年（西紀一二四九）までの三年間に成立したという。宝治元年というのは、巴御前が九十一歳で死んだことを記しているが、その年を計算すると宝治元年になるということ、建長元年というのは、順徳天皇に順徳院の追号が贈られたのはこの年であるが、この書には佐渡院と書かれているからである。

さて、『平家物語』は史書としてどれほどの信用をおき得るであろうか。これについては、星野博士がのべていることが一応の基準となる。博士によれば、この書はもっぱら事実によって文を成すが、附会粉飾がきわめて多い。著者は、まず清盛は残暴、重盛は仁孝、源氏は勇健、平氏は懦弱というように品評を仮定して筆を下したので、この前提にある事実はつとめて敷衍し、あわない事実は削除した。たとえば重盛の子資盛が路上で摂政基房の前駈に恥辱にあったのを恨みに思って、基房を道に待ってその前駈の髻《もとどり》を切ったのは、『玉葉』や『愚管抄』では重盛の所為とする。ところが『平家』はこれを清盛の所為とし、重盛は諫めたがきき入れられなかったという。

また斎藤実盛は富士川の戦の時に、維盛の陣中にはいない。平氏に投じたのは、戦が終ってから二月の後であることは、『吾妻鏡』に明記してある。だから源平将士の強弱を評した話などは断じて虚構である、という類である。

このように、事実の矛盾や年月名字の相異はたくさんある。宣旨や牒状の類も文章をむやみに飾ってあって、普通の文体ではない。ともかく『平家物語』は正確な史料として使うべきものではない、というのが博士の結論である。

こまかい一々の事件についての真実性を、このような書物に求めることは、もともとむりである。けれどその時代の思想や生活について貴重な事実を示すことは、一般の物語類と同じである。このいみで、この書に示されている歴史観がわれわれの問題となる。

ここに見える歴史観の基本的なものは末法史観である。現在を末世と規定して衰えた時代と見、それに対比して上古をさかんな世として憧憬するのである。ところで、その衰えとは具体的にどういう事実として現れるか。王法の滅尽という事実としてあらわれる。平家が一門の官位の昇進に心のままにふるまうのを、法皇が嘆じた言葉の最後に「これも世末になりて王法の尽ぬる故なり」とあるのは、それを物語る。また、善光寺の炎上を記して「王法尽んとては仏法まづ亡ずといへり。（中略）霊山の多く滅失ぬるは王法の末に成ぬる先表やらんとぞ申ける」とあるのも、仏法と共に王法は滅ぶと見るのである。これこそ保元以来の戦乱によって公家の没落を経験した当時の人々が真に身をもって感得した末代の具体的事実であったのである。

このような衰退史観は『愚管抄』の基調をなす史観でもあって、この時代に普遍的なものであるが、その一般的な衰亡過程の中でも、とくにあわただしい盛衰のうつりかわり、盛者必衰、会者定離の事実をつらねたことに、本書の特色はある。一篇の中心題目とされる平家の盛衰は、その最も大きなものであるが、書中の随所にある挿話的物語も多くはこの原理につらぬかれている。中でも、巻の初に書かれた白拍子祇王《ぎおう》と仏御前の物語は、人の世の盛衰のはかなさをまざまざと示すものであって、平家の盛衰の縮図ともいえよう。

萌え出るも　枯るゝも　同じ野辺の草　いづれか秋に　あはではつべき

と祇王の詠じた歌の心は、全篇をつらぬく思想であり、物語がいい知れぬ哀愁にみたされているゆえんでもある。

しかし、作者はこの衰亡の悲しみをそのまま放置しようとはしなかった。かれは最後に救済を用意した。それは彼岸の楽しみであり、往生の素懐をとげることであった。祇王も仏も最後は恩讐をこえて、共に往生浄土の喜びをもったのであり、仏敵法敵の逆臣といわれた重《しげ》衡《ひら》も、最後は阿弥陀の引接《いんじよう》をうけて、九品託生《くほんたくしよう》をとげたのである。この世の悲しみや罪悪はのがれなくても、来世の楽しみは得ることができる。物語がかぎりない哀愁をのべながら、ほのぼのとした温さを感じさせるのは、この救いの道があるためである。

さて個人はこのようにして救われるが、国家はどうであろうか。王法は滅んでまた興ることはないのであろうか。物語はこれについて的確な答を与えない。『愚管抄』がこれについて独自の解答を示していることは前述の通りであるが、これは『愚管抄』は経世論の書であるのに対し、『平家』は文学書にすぎないからである。ただし『平家』にも、明快な答ではないが、それがかすかに察せられるような記事がないことはない。巻五の「物怪之沙汰」は、清盛の邸にいろいろの変化のことが起り、衰亡の前徴と思われるもののあったことを記しているが、別にある青侍が見た夢として記していることは、大内の議定で公卿達が列座しているが、それはそれぞれの神が姿をかえたものとせられている。そしてまず末座にいた厳島大明神が追立てられる。次に八幡大菩薩が日頃平家の預った節刀を今は伊豆の流人源頼朝に賜うという。すると春日大明神が、其の後はわが孫にも賜わりたし、といったという。これは平家より源氏に政権がうつり、源氏より藤原氏に将軍職のうつった歴史事実を見た上での作り話であるが、政権担当者がこのように交替することによって、国は維持される。しかもそれは八幡大菩薩の神意によって予定せられているという思想がうかがわれる。ここに『平家』の作者も『愚管抄』と同じように、源氏と藤原氏の将軍によって王法の保たれることを信じたといえるのであり、ひいては武士の活動の意義を認めたともいえる。物語が武士の言動を詳しく記し、その武勇を強調することはもとより、思慮の周密、神仏の信仰、文事の心得などをもって、武士の必須の心がけとする記事が随所に見えるのは、武士の人間的完成への期待の大きいことを示すものである。公家には期待し得ない新しいモラルと大きな実力とが武士に期待されるというのは、亡びんとする王法護持の担い手としての武士の力をみとめるという考えに連るものがある。ひとしく衰亡の過程にあって、個人は仏道により往生浄土によって救を得、国家は武家の力によって滅亡を免れる、というのが、物語の基調にある思想といえよう。

『保元物語』・『平治物語』

『保元物語』・『平治物語』は、それぞれ保元の乱・平治の乱を主題とした軍記物語であって、分量はどちらも三巻である。そして両書は、その構成や文章からいって同じものが多いから、著者は同一であるという説が一般に行われる。しかし私は疑を抱かざるを得ない。両書は、あるいみにおいてよく似ている。保元の乱・平治の乱という一つの事件を中心として叙述を集約し、全篇がこじんまりとしたまとまりを見せ、『平家物語』のようにあれもこれもと筆をひろげていない。従って戦闘の描写が中心となり、その代表的なものとして

『保元』に白河殿夜討の条があり、『平治』に待賢門の戦がある。人物には、主役を占める勇士として、『保元』に為朝があり、『平治』に義平があり、その相手の武士として、かれに義朝、これに重盛があり、公家の中心人物として、武士の行動を制肘し、共に終をよくしなかったものとして、かれに頼長、これに信頼がある。これらの点は実によく似ているが、これが著者が同一だという証拠になるであろうか。このような類似は、別の作者が前出のものを参考としたときにも起るのであって、むしろその方が自然ではないかと思う。大切なことは、形の上よりは、内容に見える思想や歴史事実の取扱などについての比較であって、これに差異があれば同一作者のものとはいい難いし、しいて同一人とすればよほど時がたって思想上の変化があってからと見ねばならぬ。そして、私は両書にはそのような差異があると思うのである。

まず第一の差異は、『保元』には実録としての素朴さがあり、『平治』には文学としての修飾があるということである。もちろん、このことは、『保元』の記述がことごとく正確であるといういみではなく、ずいぶん修飾もあり、誤謬もあるが、叙述の形が実録的である、実録めかしているということである。その一つの事実としては、『保元』には宣旨・官符・消息等の原文が挿入せられていることである。『平治』には、そのような挿入が一つもない。これは大きな叙述の精神の差異である。

第二の差異は、『平治』には、かなり頻繁に、語呂の戯れによる笑話や落首を附加えている。それは多く九条太政大臣伊通《これみち》の述べた言葉として書かれている場合が多い。ところが

『保元』ではさような笑話・落首は一つもない。さらに進んでいえば、『平治』には教訓や説明のいみをもった作者の文が『保元』よりよほど多い。『保元』が淡々たる事実の記載に終っている所に、教訓的な文辞を加え、説明的な文章を加えている。

以上のような差異から考えて、私は両書が同一の作者の手に成ったという説に疑問をいだくのである。そして、時間的には『保元』が先出で、『平治』は後出であろうと思う。『平治』のような傍観者的な余裕は、事件後よほど時日を経た後に得られるものであろうが、『保元』のような克明な実録はさほど時日を経ずとも書かれたのではあるまいか。

両書の先後を、なお具体的な文章で示す一つの例を述べるならば、『保元』の死刑再興の記事である。即ち保元の乱で、乱後の処置として、為義はじめ源平七十余人の首を斬ったことにちなんで、嵯峨天皇の弘仁元年藤原仲成を誅して以来三百四十七年中絶していた死刑を再興した、ということを強調した文である。このことは、両物語ともほぼ同様な事実を記して、その意義を大書しているが、『平治』ではそのあとに、官外記の記録には、仲成を禁所に射殺さしむと注してあるから、正しく首を刎《は》ねたのではない、という文を加えて、死刑中絶のはじめを弘仁よりもっと古い時代におこうとする意志を示している。これは『保元』の死刑再興の意義を、より強くいおうとする心のあらわれであり、『保元物語』のような説を見た上で、それに加えられた修正意見である。『平治』の作者が、『保元』のこの条を参考してみずからの文を作り、それに官外記の記録からの知識を加えて、修正説を出したことは明白である。

次に『保元』・『平治』と『平家物語』との先後関係である。これについては、もっぱら藤岡作太郎博士の説にしたがって、『平家』を先、『保元』・『平治』を後とする説が行われる。私もそれに従うが、ただその場合の『平家』は承久以前にでき上ったと思われる三巻本の『平家』であろうと思う。流布本の形をととのえた仁治・建長の頃には、両書はすでに現れていたと見るべきであろう。両書とくに『平治』には、武士としての源氏のすぐれた所をしばしば述べているが、それは源氏将軍の時代の作であることを示すものともせられよう。

『太平記』

物語風歴史において、『今鏡』・『水鏡』のあとをうけ、南北朝時代に『増鏡』が出たように、軍記物語においても、『平家』・『保元』・『平治』のあとをうけ、南北朝時代に『太平記』があらわれた。『太平記』は、文学作品としては、情趣において、構成において、『平家』に敵するものではないが、内容を占める豊富な事実と、それにふさわしい勇健な筆力とで、より多く歴史書たる性質をもつといえる。対象とした時代の範囲は、後醍醐天皇の即位から南北朝の対立となり、足利義満が将軍に任じ、細川頼之が管領となるまで、げんみつにいえば応安三年（建徳元年／西紀一三七〇）ころまでであり、公武の争のはげしく展開した動乱の時代のすべてにわたっている。そして、その顚末を記した詳しい歴史書は、この書のほかにはまずない。このことも、本書が軍記物語であるにかかわらず、歴史書として古来多く利用せられた一つの理由となるものである。

　この書はいま四十巻の書物として伝わるが、取扱った主題によって、大体三部に分かれると見られる。第一は、一巻から十二巻までであって、後醍醐天皇の即位から元弘の北条討伐を経て、公家一統の政治になるまで、第二は、十三巻から二十巻までで、中興政治の失敗から南北朝の対立となり、正成・義貞らが戦死して、足利幕府の基礎が確立するまで、第三は、二十一巻から四十巻までで、両朝の間のたえまない争や足利氏の内訌《ないこう》などを記したものである。そして、その主題の移るとともに、筆者の位置にも多少のずれが起っているようである。多くの軍記物語のように、初は十二巻くらいの書物から、しだいに書きつがれて行ったものであろう。従って作者も一人には限らないであろう。作者については、『洞院公定《とういんきんさだ》公記』の応安七年五月三日の条に、小島法師なるものの円寂を記して、

　是レ近日天下ニ翫《もてあそ》ブ太平記ノ作者ナリ。凡ソ卑賤ノ器タリト雖《いえど》モ、名匠ノ聞エアリ。無念トイフベシ。(原漢文)

とあるのがあげられるが、この小島法師の人物閲歴は他に史料がないので詳らかでない。ただ応安七年(文中三年／西紀一三七四)のころ、すでに『太平記』という現行の名称があり、天下に流布していたことが知られるのみである。

　別に、今川了俊《いまがわりようしゆん》が応永九年(西紀一四〇二)に書いた『難太平記』は、今川家の由緒をのべて、子孫に家名をおとさないことを誡めた遺訓の類であるが、書中『太平記』の誤謬を

多く正しているので、『難太平記』の名がある。その中に、六波羅合戦の時、大将名越《なごえ》高家が討たれたので、今一方の大将足利高氏は後醍醐天皇に降参したと、『太平記』に書いてあるが、かえすがえす無念のことである。

此記の作者は宮方深重の者にて、無案内にて押て如レ此書たるにや。寔《まこと》に尾籠のいたりなり。

とある。この書の『太平記』の記事の真実性に対する評価には、主観的判断が多くあろうが、作者が宮方深重の者であるということに誇張はあるまい。少くとも、当時の足利方の人々には、『太平記』が公家方の人の著であると思われていたことは事実である。小島法師とこの宮方深重の者とが、いかに調和できるか、それはむずかしい。星野博士が、小島法師とは、書中に見える児島高徳の出家後の称であろうと推したのも、その調和の一つの試みであるが、それに確証はない。

『難太平記』は、それにつづけて、法勝寺の恵珍上人が、『太平記』を三十余巻足利直義のもとに持参した。直義はこれを玄恵法印に読ませたが、悪いことも誤もあったので、これは以ての外まちがいが多い、追って書入れし、削り取るべきである。その間は外聞してはならないと、直義は命じた。その後一時このことは中絶したが、近代重ねて書き続けた、とある。この話は、原本『太平記』が南朝方の作であるので、足利方から見れば不満が多く、あとから修正増補したという、著作の大体の過程をよく物語っている。

このように、『太平記』は、事件に近い時に書かれた書物であるから、軍記物語としての修飾や誇張があって、歴史記録としての事実の確実性に遺憾の点があっても、時代の大勢や思潮を示す上においては、もっとも有要なものといってよいであろう。

この書の、歴史に対する考え方には、いろいろの思潮が混在しているが、とくに目立つものは、世の乱れをもって、支配者の徳の不足によるという考え方であろう。この考えは随所にあらわれているが、とくに巻一の初に後醍醐天皇の聖徳をのべて、最上の讃辞をささげ、命世亜聖の才と称したあとで、残念なことには、覇道・厳厲《げんれい》のところがあり、そのため草創の功をなしとげたが、守成は三年ももたなかったと称していることで明らかである。

また当時の武士が、利害の打算に汲々として、公家・武家のどちらかに与《くみ》するかの去就を決したことは、諸所に見えて、時代を蔽うた功利思想・現実主義をあらわしているが、元弘の初め備後で官軍に応じた桜山慈俊《さくらやまこれとし》の自害などはとりわけとっぴである。かれは初め官軍に応じたが、笠置《かさぎ》がおちて官軍不利と見、当国一の宮の社壇に火をかけ家族と共に自害した。なぜ社壇に火をかけたかと作者は疑問を提出し、それに答えて、かれはかねてより当社を信仰して、破損した神社を造営しようという大願をいだいていたが、自分にその力はない。今度官軍に加わったのも、この造営の大願を果さんためであった。けれども志は達せられないので、自害するのだが、一しょに社壇を焼き払えば、公家武家共にやむを得ず造営の沙汰をするであろう。即ち所願は成就するであろうというのである。死して所願を貫徹しようとする強烈な意志は、まさに武士的精神の権化であろうが、その所願が神社造営という現実的なものであり、その手段として挙兵という大事に突入し、失敗と見て社壇を焼くという暴挙に及んだのは、どこか均衡を失った行為であり、目的のために手段をえらばない乱暴な人間の一つの型を示すものである。そして、作者がこれを仏縁にかなうものとして肯定していることに、時代の価値判断が正常でないことが示されるのである。

この書の史料としての価値についての論議は、明治の新しい歴史学勃興時代の好題目であった。菅政友の「太平記ノ謬妄遺漏多キ事ヲ辯《べん》ス」、久米邦武博士の「太平記は史学に益なし」、星野恒博士の「太平記ハ果シテ小説家ノ作ニ非サル乎」など、修史局によって新しい史学を提唱した諸学者は、みな『太平記』を俎上にのせ、その記事が確実な文書記録に所見がなく、またそれ自身にもいくたの不合理を含んでいることを指摘して、この書は小説であって史書ではないと極論した。『太平記』が史書でなければ、同様に『平家物語』・『源平盛衰記』も史書でないのに、とくに『太平記』ばかりが強調せられたのは、『太平記』が広く流布して、その忠臣義士の話が常識化していたので、それを取上げることの社会的効果をねらったためもあろうが、もっと専門的にいえば、明治の修史局は水戸の『大日本史』に対する批判を基調として成立したが、その『大日本史』が『太平記』を高く評価して、大義名分史観を提唱したことへの反撥のいみがあったのである。

しかし冷静に考えれば、軍記物語が歴史記録としての確実性に欠けていることは、とくに論ずるまでもないことであって、『太平記』ばかりが責められることはない。それどころか、時代の情勢や思想を示すいみでの重要な史書であることは、何人も認めるにやぶさかではあるまい。ことにこの時代はほかに一貫した記録がなく、わずかに断片的な文書で歴史を構成しなければならぬので、事件の推移・脈絡を知るために本書は有要であるとされる。だから修史局のあとをうけた史料編纂掛で出版した『大日本史料』第六篇も、『太平記』を重要な史料として引用しているし、それを担当した田中義成博士も大学の講義で『太平記』の信ずべき所を多く指摘した。

たとえば、建武元年正月、大内裏造営の議があって、天下の地頭から所得の二十分の一を徴して、その費にあてたという『太平記』の記事も、初は事実かどうかを疑ったが、『行幸部類記』所収『葉室長光卿記』や『建武記』などで傍証されるものが見出されたので、事実と考えられるようになった、という類である。また児島高徳も桜山慈俊も、かつては実在を疑われたが、必ずしもそうとはいえない。現に高徳については、それを証する史料も見えると、いっている。近頃になって、この書の価値はますます認められてきているといってよい。

『梅松論』

『太平記』と並ぶ軍記物語に『梅松論』がある。上下二巻の短い書物であるが、筆者の立場が足利方であることに特色がある。叙述の範囲は、日本における将軍の沿革をのべて、鎌倉将軍の時代を概観し、元弘の乱、中興の政治、その瓦解から新田義貞の金ガ崎の落城に及び、あとに尊氏の性行・事績をのべている。筆者は明らかでないが、足利氏の恩顧をうけたものらしい。書中足利の立場を正当化するような叙述にみたされていることはもちろんだが、しかし後醍醐天皇を直接攻撃するような言辞はなく、楠木・新田等の官軍の諸将に対しても、その武勇忠節のとるべき点をあげて、これを讃美することを惜しまない。篇中を貫く精神は、足利将軍というよりも、それをこえた、より高い次元における武家の精神・立場を讃美する所にあるようである。武士がその独自の道徳を向上させて、それに強い自信をもつようになった事情がここにうかがわれるのであって、武士がその生活の記録として、また処世の教訓として、多くの軍記物語を要求するようになった事情も、ここにあるのであろう。

このほか大小の戦闘にちなんで、南北朝から室町時代にかけ、軍記物語がつぎつぎにあらわれたことは、『群書類従』の合戦部にのせた書名を見ただけでも知ることができる。『奥州後三年記』・『承久記』・『明徳記』・『応永記』・『応仁記』・『鎌倉大草紙』など、その一端である。

5　神道説と史論

中世の史論書として、『愚管抄』と並び称せられるものは、北畠親房の『神皇正統記』である。『神皇正統記』は、神明の統をうけたわが国の天皇の、皇位の継承が正理によって行われるという原則を歴史事実によって説明したものである。だから一般的な歴史書とはいえず、天皇史ともいうべきものである。けれど天皇中心の歴史からいえば重要な史書であり、とくに国体の大義を説く教典としては絶好の書であるから、戦前戦中あまりにも高い価値を与えられた。いま冷静に史書として見れば、やはり困難な時代におかれた知識人の、自己の経世説を歴史によって正当化しようとする歴史叙述の一つのしかたであり、その思想の基には和漢いくたの学問から摂取せられたもののほか、とくに近い先行の思想として、『釈日本紀』にうかがわれるような宝祚《ほうそ》無窮《むきゅう》の思想、伊勢外宮の神官の間に発達した神道説などの影響が存在するものと思われる。

『釈日本紀』

『釈日本紀』は文永、建治のころ（西紀一二六四〜一二七八）平野社の祠官卜部《うらべ》兼文《かねふみ》が、関白一条実経、その子家経などに『日本書紀』の講義をした時の筆記と、平安時代の私記などをも集めて、一書にまとめたものであって、古代いらいの『書紀』研究の集大成である。編者は兼文の子兼方《かねかた》である。平安時代の康保二年（西紀九六五）で、朝廷での『書紀』の講書は中絶したが、鎌倉時代になって、朝廷の公の事業ではないにしても、高級官僚の間に『書紀』講書が復興したことは注目すべきことである。

困難な時代にあうと、ひとは理想の世界を求めて、古代をかえりみ、古典に関心をふかめる。古代の末から中世にかけ、公家の人々は、その権力の衰退をなげき、古代の盛時を追懐して、古典研究への意欲を示した。『日本書紀』も、その一つとして取上げられたものであろう。そして、それは、たまたま起った蒙古来襲の国難によって、とみに人々に国家意識をさかんにさせる重要な契機ともなったのである。

『釈日本紀』は、平安時代の私記をのせ、多くの、いまはなくなった古書を引いているために、古典の淵叢としての価値が高い。しかし、ここでは、鎌倉時代の『書紀』講書の模様を問題としよう。この講書は、兼文の講義に対し、実経・家経らの質問が提出され、師弟の間には活潑な討論が行われた。それは多く神代の部分に集まり、神代紀が関心のまとであったらしい。その問答の中に注意すべき次のような一条がある。

それはいわゆる天壌無窮の神勅の解釈である。宝祚が天地と共にきわまりないとあることは、流行思想の、百王で王代は尽きるという説に正面から衝突する。実経は素朴な疑を提出した。この文によれば百王鎮護には限らないのではないかと。兼文は答えた。百王とはただ数の多いことをいうのである。かつ百王鎮護という言葉は、『日本書紀』にはのっていない、『大倭本紀』などによれば、天皇の子孫は千万世もつづくのであると。重ねて実経はいう。百王はまことに数の多いといういみに解すべきである。『書紀』の文は尤も信受すべきものであると。

実経は、『書紀』を信じて、流行の百王説を否定し、宝祚無窮の信念を固めたのである。公家の一部には、国家を思い、皇統の行く末を案じた、強い現実意識が脈々と流れていたのである。そして『書紀』の研究は、彼らにその有力な精神的根拠を与えたのである。仏説の末法思想の中にあって、これを否定するものは、『書紀』に裏づけられた日本的な自覚であったのである。そして、それは『釈日本紀』にあらわれ、また『元亨釈書』にもあらわれた（後述）。『神皇正統記』の思想の先容が、これらにあったことを見過ごしてはならない。

伊勢神道

次に、伊勢外宮の神官の間に発生した神道説は、それまで組織的な教理のなかった神道に、初めて教理をうち立てた意味をもつものであったが、その動機には、外宮の地位を内宮と同じ高さに上げようとする外宮神官の俗的権勢欲があった。平安時代末から鎌倉時代にかけて偽作せられた『神道五部書』も、そのような現実の欲求のために、古典らしいよそおいをこらして、作為の事実の上に附会の教説を立てたものであった。その後、外宮の神官たる度会《わたらい》家には、行忠《ゆきただ》・常昌《つねよし》・家行《いえゆき》などの傑物が輩出し、『五部書』にもとづいて、その神道説の組織をかためた。中にも家行は鎌倉時代の末から南北朝にかけて活躍し、多くの著述を残したが、『類聚神祇本源』はその主著であり、これが『神皇正統記』中の神道説の典拠となった。もっとも近頃の研究では、『神祇本源』によって親房は『元々集《げんげんしゅう》』を著し、『元々集』によって『正統記』を著したのであるから、その関係は間接となるが、ともかく『類聚神祇本源』がなかったならば、あるいは伊勢に発達した伊勢神道（度会神道）がなく、さらに親房が伊勢に行ってこれに接することがなかったならば、いまの『神皇正統記』が現れなかったことは、火を見るよりも明らかである。

これらの神道説は、儒教・道教・陰陽道・仏教など、外来のあらゆる思想をとりいれているが、中心には日本の古典、『五部書』・『旧事本紀《くじほんぎ》』・『日本書紀』などの説をおいているから、書物の選択が当を得ていないにしても、日本歴史の根源としての神代について、深い省察を加えるものであったことはいうまでもない。そして、神々の機能やいみについて神器のいわれや意義について、独自の説が発展し、また実践的課題として、正直を重んじ、清浄を尊び、一心を神に帰一させることなどを説いたのである。

『神皇正統記』

さて、『神皇正統記』の著作の事情は、常陸国六反田村六地蔵寺所蔵古写本の奥書(『群書類従』所引)に、この記は去る延元四年秋に、ある童蒙に示す為に老筆を馳せたものである。旅宿の間で、一巻の文書をも蓄えていない。わずかにかんたんな皇代記を尋ね得ただけである。その篇目にまかせて、ほぼ子細を記した。その後再び見ることができなくて、五年たったところ、これを写して見るものが多いということを知った。驚いてその本を見ると間違いがたいへん多い。そこで興国四年七月いささか訂正を加えて、定本とする、というおもむきが見えている。

これによると、『正統記』の現在の本は再訂本であって、初撰本は延元四年(暦応二年／西紀一三三九)秋に書かれたのである。延元四年は、南北朝の対立のはじまってから四年目で、南朝の勢力の日に思わしくない時である。前年延元三年には、陸奥から西上した北畠顕家の軍が和泉の石津で高師直と戦って死し、新田義貞も越前藤島に戦死した時である。また同じ三年には、北畠親房・顕信が義良《のりなが》親王を奉じて陸奥をめざして伊勢から海上に出たが、風浪のために難船して、親王は伊勢にもどり、親房は常陸に着き、同国小田城によって敵軍に対峙した時である。そして、四年八月には、後醍醐天皇が崩御し、義良親王が践祚《せんそ》したのである。奥書にいう童蒙とは、新たに践祚して南朝の主となった義良親王、後の後村上天皇を指すのであって、新帝の政道の正しく、その前途の幸あらんことを願って、一挙に書き上げられたものであることがわかる。そこで、この書は本来は天皇を対象として書かれたものであるが、後に写されて、人々の間にも読まれるようになったので、多少訂正を加えて、臣下の心得になるようなことも加えたものであるまいかと想像することができる。

次にこの書の著作にあたって、一巻の参考書もなく、わずかに皇代記ばかりを材料としたということについては、平田俊春氏が研究を加えて、神代史の部分は全く『元々集』を材料としており、また印度の開闢《かいびゃく》説のくだりは『仏祖統紀』によっているし、近い時代では、『保元物語』・『平治物語』・『今鏡』によっている部分がある。だから、『正統記』の著作が皇代記だけでなされたとはいえない。けれど一巻の文書も蓄えないということを正直に解すれば、親房は以前から書いていた『元々集』や『職原抄』の草稿やその他の論文・書抜の類を携えて、それを材料としたのであろうと述べている。

この書に現れた歴史観の特色の第一としてあげるべきことは、歴史の動力を人心の正邪曲直、すなわち道徳におくこと、国家の治乱興亡、個人の繁栄などすべて道徳の守られるか否かによるとすること、いわば徹底した道徳史観である。この書の大眼目とする、皇統が正理によって受けつがれるということも、その正理とは何かと尋ねると、結局は天皇の有徳に帰するのである。もっとも、このことについての著者の思想は、多少の混乱を見せている。一おう正理の第一は正嫡にあるとする。皇位は皇長子に伝えられるのが正理であるとする。しかし長い歴史の間には、必ずしも皇長子のみに伝わらない。兄弟相つぐとか、傍系から入ってつぐ場合もある。それらの場合も、著者は必ずしも否定はしない。先帝の正しい譲りをうけたならば、それで宜しい。また、その君が学問をはげみ、徳行をみがき、徳政を行うならば正理にかなうものである。したがって嵯峨天皇淳和天皇兄弟の間に皇位の授受のあったのは、末代までの美談であるとほめている。

この点は、山田孝雄博士が、著者の皇位継承論が、中国風の有徳君主観にわずらわされて、正嫡主義を貫徹しなかった欠点として惜しんでいる所であるが、皇位継承の正当性を歴史事実によって証しようとするとき、正嫡主義を貫徹することのできないことは明白である。どうしても、その他の基準を持出さねばならぬ。それを君の徳政におくことは、中国思想の影響とばかり見なくとも、およそ君主のあり方について考える場合、当然取り上げられることではあるまいか。

第二に、その結果、末法史観・降下史観にとらわれず、前途に光明をみとめ、理想をかかげて邁進する気魄にみちていることである。かの南朝の勢の振わないときに、この潑溂とした理想信念を述べていることは、確かに一つの驚異であり、著者の人格の強さが欽慕されるゆえんであるが、このような気魄があったからこそ、南朝はこの後も衰えつつ命脈を維持す

ることができたのである。後醍醐天皇の崩御を悲しみ、新帝の前途を祝福して、

功もなく徳もなきぬす人、世におこりて、四とせ余がほど宸襟《しんきん》をなやまし、御世をすぐさせ給ぬれば、御怨念の末むなしく侍りなんや。今の御門《みかど》、また天照大神よりこのかたの正統をうけましぬれば、この御光にあらそひたてまつる者やはあるべき。中々かくてしづまるべき時の運とぞおぼえ侍る。

と、新帝が正統の継承者であることと、今の乱世がやがて、この光の前にしずまるべき見通しを堂々と述べている。

もちろん、そのためには、君主は学にはげみ、徳をみがき、政道につとめねばならぬ。延喜・天暦・寛弘・延久の御門は、みな宏才博覧で政事に明らかであり、これを聖代賢王という。近くは後宇多院が延久以後ありがたい好学の君であり、後醍醐院もそれをついで、すぐれた好学の君であった。これらの賢王のあとを学ぶことを心がけねばならぬ。また、君は万民を安らかにすることに心を注がねばならぬ。神は人をやすくすることを本誓とする。天下の万民はみな神物である。君は尊い位置にあるが、一人をたのしませ、万民を苦しめることは、天も許さない、神も幸を与えない、と政道の目的が民生の安定にあることを強調する。和漢の学に通じた一代の人格者が、主と仰いだ先帝の遺孤を守り、先帝の遺業の遂行に邁進しようという時、その幼少の新帝にささげた書物であるだけに、人の修学修養に世の中を動

かすべての力が養われるとする信念が、とくに力強く述べられているのである。けれどこのような点になると、歴史よりも、むしろ経世論・政道論に重点は移るのである。

著者の政道論は、このほかにも具体的に、中興の政治が論功行賞で誤を犯したこと、武家の陪臣たる高氏に不相応の官位を与えたこと、人々が国郡を押領することなどについて、はげしい非難をあびせている。著者の本書執筆の直接の動機はここにあり、後宇多・後醍醐・後村上とつづく大覚寺統の皇統が正統の君であって、祖神の冥慮は必ずやこの正統の君の上にあり、いまは衰えているとはいえ、やがて花咲く春を得て天下一統の時を見るに至るであろうという、最も切実な希望と期待とを示しているのである。だから、その立場を擁護し、正当化するために、理解せられ、取捨せられた歴史事実が、ここに述べられていることは争えないのであって、その点は『愚管抄』における摂関本位の歴史理解の一面性を笑うことはできないであろう。著者の出身である村上源氏の事が詳しく述べられたり、その子である顕家の動静が詳しく書かれていることにも、一家の誉れを記そうという意欲がうかがえる。

要するに、本書は歴史の形をかりた政治論であり、帝王学の教科書である。ここから確実詳密な歴史事実をくみ取ることはできない。大覚寺統および南朝の立場に立った偉大な一人の公家の、歴史についての見方を知ることができるということである。

6　正統的な史書

物語風歴史や史論が、中世史書の特色をなすものであるが、正統的な史書が全くなかったわけではない。朝廷は政権の座をはなれ、国の正史を編修する力を失ったけれど、かわって政権を握った武家に修史の企てはなかったのであろうか。いな、鎌倉幕府はみずからの歴史として『吾妻鏡』を編修したのである。そして、これこそは、中世を代表する本格的な史書の随一といえるであろう。

そのほか、公家にも、前代の『日本紀略』・『本朝世紀』の類をまねた個人的な著書『百錬抄』などがあらわれた。いま、これらについて説明を加えよう。

『吾妻鏡』

『吾妻鏡』は鎌倉幕府の将軍の実録である。詳しくいえば、源氏三代頼朝・頼家・実朝と、藤原氏二代頼経・頼嗣と、宮将軍宗尊親王計六代の将軍の実記である。年代でいえば、治承四年（西紀一一八〇）源頼政の挙兵にはじまり、文永三年（西紀一二六六）宗尊親王の帰京に終る八十七年間を叙している。

史書としての性格の第一にあげられることは、叙述の対象が幕府政治に関することに限られていて、国内に生起したすべての事象を含むという広さがない。当時、幕府が政権を担当したといっても、国内には幕政の介入を許さない公家・社寺の本所領が多かったから、その領内はもとより、公家・社寺そのものの動静は、幕政と接触する部分以外は大体叙述の範囲外にあった。その点において、六国史が国の歴史として全体的な性格をもっているのに比して部分的なものといわねばならず、したがって国の歴史の名には値しないものである。

第二に、史書編纂の技法において上乗とはいえない。この書は古くは日記と考えられたが、それは誤りで、遥に後世になっての編纂書である。そしてそのさい材料を精撰しなかったのである。幕府の公の記録や、幕府役人の記録、公卿の日記、社寺の古文書などを材料にしたほか、『平家物語』・『源平盛衰記』の類まで採用したのである。かような物語を材料にすることは、幕府の編纂物としては、明らかに本末顛倒であり、そのためしばしば記事の真実性の破綻を招いている。

第三に、文章は漢文であるが、日本的変容の多い記録体である。それは文事になれない武家の精神や生活を表現する文体としてふさわしいといえるが、その中に異質的なものとして、公家の官職をあらわすのに好んで唐名を用いることが目ざわりとなる。兵衛佐《ひょうえのすけ》を武衛《ぶえい》、衛門督《えもんのかみ》を金吾《きんご》、大膳大夫《だいぜんのだいぶ》を大官令《たいかんれい》、右京大夫《うきょうのだいぶ》を右京兆《うけいちょう》と書く類である。そしてこれはもっぱらその官職をおびた人の名として用いられるのである（武衛は頼朝、金吾は頼家、大官令は広元、右京兆は義時の類）。このような唐名は文人学者の文章によく使われたものであるが、公式の称ではないから、六国史などには原則としてあらわれないものである。ところが全体として和臭の多い『吾妻鏡』で、これを用いるのは一応均衡を失しているようである。これが大体将軍執権などの権貴を指す場合に用いられるのは、耳なれない名称を用いることによってその人の尊厳を増すかのごとく考える心理作用のためであり、文字になれない人にありがちのものといえよう。

第四に、事実の選択が幕府政治を正当化し、美化するようなもの、将軍や北条氏の立場を擁護するようなものに限られている欠点がある。

以上は、『吾妻鏡』の性格を、その欠点の面から見たのであるが、もちろん長所も数多い。幕府政治の推移をこれほど詳細に記した文献は他になく、今はなくなった当時の諸記録を集成して今日に残してくれた意義は大きい。そして個々の事象のほかに、幕政の根柢を支えた鎌倉武士の精神をいきいきと書中にもり上げていることは本書の独壇場である。鏡の名に示されているように、武家政治の後世への鑑戒のいみを寓したとすれば、その目的はよく達せられているといえよう。

本書に見られる史観として、注目されるのは、歴史の展開は神の意志によるものであり、神はいろいろのさとしをもって、人の進む道を教える。そして、これに従うときに人は栄え、これに従わないときに衰える、という観念である。公武関係の調節は、幕府が常に当面した困難な問題であり、そのクライマックスは承久の乱に見られたが、この乱の初に幕府は深い焦慮に包まれ、勝利に終った後も精神的な苦悩を免れなかった。本書にはその様子がよくうかがわれる。

乱の一段落ついた後の、承久三年閏《うるう》十月に、本書は評語をかかげて、天照大神は豊秋津洲《とよあきつしま》の本主皇帝の祖宗であるのに、八十五代の今に至って、なぜ百皇鎮護の誓を改め、三帝両親王に配流の恥辱をいだかせたか、尤も怪しむべきことである。けれども実は二月以来、皇帝並に摂政以下の人々が、天下の改まるべき趣の夢の告げを多く蒙った。しかるにひとびとはこれを取上げて適当な措置を講じなかったと、暗に非難する。そして逆にこの年三月二十二日には、二位尼政子が大神宮の夢想をこうむり、早速使を大神宮に遣わしたという事実を記し、幕府は事前に天照大神の教をうけ、それに応ずる措置を誤らなかったと、大神に対する公武の態度の相違を記すのである。

また幕府軍の上洛のさい、鎌倉で義時の館に雷の落ちた不祥事があったので、人々は天のいましめかと恐れた。その時大江広元は、君臣の運命はみな天地の掌る所である。今度の是非は宜しく天道の決断を仰ぐべきである。恐れる限りでないと述べている。

幕府は、初め朝廷に対立する政治機関として発足したのではなく、朝廷の下にある機関として、授けられた権限を行使するという自覚をもっていたから、承久の乱のいきさつは幕府としても安んじないものがあったのである。そこで、幕府の処置の正当性を主張するためには、神のはからいに帰するほかはなかったのである。そして、このように幕府は朝廷と同じく天照大神の神意を奉ずるものとして、その地位が安泰であるとせられるならば、幕府は現実には朝廷に対立するが、それは今の朝廷が神意を奉じないからであって、本質的には幕府も朝廷と同じ立場に立ち、同じ使命を遂行しなければならず、幕府と朝廷とは一体であるということになるのである。このように信じなければ、幕府は心の落着きを得られなかったのである。だから、この書の二位尼の死去の記事に、その功業をのべて、

若シクハ又神功皇后再生セシメ、我ガ国ノ皇基ヲ擁護セシメ給フカ（原漢文）

という讃嘆の文があっても、ふしぎではない。かの女の行為は、天照大神の神意にしたがったものにほかならないからである。

この書には多くの種類の写本があるが、名高いものに北条本と吉川《きっかわ》本との二種がある。北条本はもと小田原の北条氏に伝え、後に徳川家康の手に入ったもので、慶長以来度々印刷せられた流布本の底本となったものである。吉川本は大永二年（西紀一五二二）右田《みぎた》弘詮《ひろあき》が写した本で吉川《きっかわ》家に伝わり、学界には明治の末年紹介せられたものである。両本を比較すると、吉川本の方が内容が詳しい。吉川本は草稿本であり、北条本はその修正本であるらしい。

なおこの吉川本を今日に伝えた功労者である右田弘詮は、大内氏の支族に当る武人であったが、『吾妻鏡』を文武両道の亀鑑ときいて、その本を手に入れたく、ようやく得た写本も巻数が足りなかったので、諸国巡遊の僧徒賓客に頼んで、各地を捜索させ、ようやく四十八帖までそろえることができたという（不足分なお十三年）。後世の武人が『吾妻鏡』を重んじたことはこれでうかがわれる。徳川家康も本書の熱心な愛読者であり、その政策にはここから得た所が多いといわれる。後世に大きな影響を与えた史書であった。

『百錬抄』

次に公家がわの史書としてあげられる『百錬抄』である。その書名は白楽天の詩の題の百鎌鏡をとったもので、この時代を風靡した史書の名のかがみの異称である。十七巻であるが、いまは巻首三巻が欠け、巻四の冷泉天皇から巻十七の後深草天皇まで叙述せられている。史体は天皇中心の編年体であり、ほぼ『日本紀略』にひとしい。記事の選択は天皇・上皇の動静や大臣公卿の任免死歿が多く、『日本紀略』時代を『紀略』に比べると、それより記事は少く、視野も局限せられている。鎌倉時代に入ると、記事は詳しくなり、鎌倉の動静もいろいろ記されるが、公家の立場での記載であるから、『吾妻鏡』とよい対照をなしている。

材料はもっぱら公家の日記によっている。ただし個人の日記そのままではなく、一おうそれらを集めて編纂したものと思う。編纂の時代は後深草天皇を本院と記しているが、これは次の亀山天皇が譲位して新院といった後のことであるから、文永十一年（西紀一二七四）以後、そして後深草院の院号のきまらぬ前であるから、嘉元二年（西紀一三〇四）以前であることは動くまい。

『六代勝事記』

『百錬抄』と形態はちがうが、同じころ同じ立場で書かれた史書として、『六代勝事記』と『五代帝王物語』がある。

『六代勝事記』の六代は、高倉・安徳・後鳥羽・土御門・順徳・後堀河天皇をいう。巻首に著者の自伝めいたものがある。それによると、二条天皇のときに生れ、高倉天皇のとき出仕し、公卿にまで昇ったが、いまは六十余歳の世捨人である。安元の頃から貞応の今に至るまでの見聞の事柄を記し、先生の徳失をもって後生の官学を勧め、世の為、民の為に記すと、著作の目的まで述べている。これには、『大鏡』などの仮託の趣はなく、内容を見ても貞応年間という時代に合っている。書中最も筆を費した所は承久の乱の顚末である。著者は公家中の知識人であり、承久の変事に驚きその由来を考え、結果を反省し、公家社会への将来の戒めとするいみで、これを書いたのであろう。巻末に、時の人疑って曰くとして、なぜ公家がこのような恥を蒙ったか。又いかに名を惜しみ恩に報ゆる臣が少かったかと慨嘆し、答えて、君は善政によって幸を得ること、知人と撫民とが人君の徳であることをのべて、暗に承久の難を君の政の正しからず、人を知る明に欠けたことによると諷するようである。

文章はかな交りであるが、雄勁な漢文調であり、中国の故事を引き、中国古典の成語を用い、高い調子を出している。しばしば施されている人物批判の文とともに、たんなる編年史書の体をこえた、すぐれた史書ということができる。

『五代帝王物語』

『五代帝王物語』は、時代的には『六代勝事記』につづいた時代を取扱っている。すなわち承久の後の後堀河天皇の即位に筆を起して、代々の事績を編年的に記し、文永九年（西紀一二七二）の後嵯峨天皇の崩御に及び、その百カ日の仏事で終っている。『勝事記』よりも気軽な筆致であって、時に挿話的な事実なども記している。後嵯峨院の崩御後の追善仏事をもって末代にはありがたいことであり、今後はこれほどのことはできまいというあたり、やはり末法の衰退史観に立っていることを示している。

著述の年代は、書中に順徳天皇の皇子忠成王の子源彦仁が三位中将で死んだという文があるが、彦仁は永仁六年三月二十三日死去したことが『公卿補任』に見えるから、永仁六年（西紀一二九八）以後の著述である。恐らく持明院・大覚寺両統の皇位の争のはげしくなった頃、往時を回顧し、両院の源としての後嵯峨院の盛時を思って、追憶の筆をとったものであろう。

『元亨釈書』

つぎに、対象は局限せられているとはいえ、史体の上ではもっとも本格的と称してよい史書として、『元亨釈書』のことを述べねばならぬ。この書は、元亨二年（西紀一三二二）東福寺の僧虎関《こかん》師錬《しれん》の著した日本仏教史であるが、たんに仏教史としてのみならず、歴史書としても独特の価値をもつ。師錬は京都の人で、弘安元年（西紀一二七八）に生れた。幼より聡明で、内外の学問にふけり、一切経から経史諸子百家の書を披閲した。徳治二年（西紀一三〇七）三十歳の時、日本に来朝していた寧一山に鎌倉であって学んだが、一山から日本の高僧たちの遺事を問われて、十分に答えられなかったのをたしなめられて、これに恥じ、他日必ず国史記録を考えて、わが国の僧侶の歴史を作ろうと決心した。爾来十五年、その志は実って、『元亨釈書』三十巻ができ上った。かれはこれを後醍醐天皇に上り、もしとるべきものがあれば、『大蔵経』の中に入れて天下に行われたいと請願した。そして貞和二年（正平元年／西紀一三四六）その死後、延文五年（正平十五年／西紀一三六〇）になって、『大蔵経』の中に加えられる勅許を得て、その志は達したのである。

かれには、ほかに多くの著述があり、その詩文を集めたものに『済北集《さいほくしゅう》』二十巻がある。そして、『済北集』中にはかれの中国の歴史書に対する造詣の深かったことを示すいくたの文がある。いまその一例をあげよう。『史記』の列伝は伯夷《はくい》を第一におき、老荘申韓をその次とした。然るに唐の開元二十三年（天平七年／西紀七三五）勅して、老子を列伝の首におき、伯夷の上とした。自分の考では、玄宗の失脚はこれによるのである。凡そ史伝の法は二つある。歳時は一である、合類は二である。歳時は先後をみだるべきでない。伯夷は先であり、老子は後である。『史記』が伯夷を第一においたのは、体を得ているのである。玄宗がこの次第を乱したのは、先祖を貴んだ故であるかもしれない。もしそうならば惑える者である。『史記』は経世の公典である。玄宗は私欲に蔽われて公典を毀《こぼ》ったのであり、侈心《ししん》の大なるものである。世には玄宗の開元の治はりっぱであったが、天宝に至って侈心が起って政は乱れたという。しかしこの史法を乱した一事によって玄宗の侈心はすでに開元の間にありといわねばならぬと。この議論は史書に絶大の権威をみとめ、その権威は時代を超えて妥当し、帝王の権力の上にさえあることを示したものである。また史書を重んじない政治はすでに魂を失った政治であることを認めたものである。史体に道義の興廃をかけたともいうべき歴史尊重の精神が躍如としているといえる。

『元亨釈書』は日本最初の綜合的な仏教史である。僧の伝記に多くの分量をあてているが、ほかに仏教発展の大勢を説いた資治表や、諸宗や寺院の事を記した志類をふくんでいる。その特色は、中国の僧伝僧史の体裁をもとにし、一般正史の体裁を参酌し、さらに独自の見識をも加えて、新しい史体を始めた所にある。それを裏づけるものは、著者の中国史書に対する理解の深さと歴史の権威に対する信念の強さであり、一書はあたかもはりきった絃のごとく、一触たち所に高い響を発する感がする。

その構成は、伝表志の三部より成る。伝は、伝智・慧解・浄禅・感進・忍行・明戒・檀興・方応・力遊・願雑の十目にわかれる。このようなわけ方は中国先行の高僧伝、即ち梁《りょう》の慧皎《えこう》の『高僧伝』、唐の道宣の『続高僧伝』、宋の賛寧の『宋高僧伝』が、いずれもその伝を十科に分けているのに負うているが、その名はわれに独自のものである。つぎに伝に表志を伴った形は、高僧伝ではなく、宋の志磐《しばん》の『仏祖統紀』によるものらしい。『仏祖統紀』は紀伝表志の四部からなる紀伝体であるが、『釈書』は紀を欠くのである。そのかわり表を資治表と名づけて、年表だけでなく、史実を多くもり、類によって分けた伝を年代順に理解し易いようにし、また『春秋』にならい褒貶の意を寓した厳密な史筆を用いている。次に志は学修・度受・諸宗・会儀・封職・寺像・音芸・拾異・黜争・序説の十目にわかれる。これも著者に独自のわけ方であり、一々理由があるのである。

以上のように、本書の体裁は中国にならってそれをのりこえ、日本学界の健在を示したともいうべきものである。序説志で著者は、梁唐宋の三伝を批判して「此ノ三伝ハ史文ニ精シカラズ」（原漢文）といい、また「古伝ハ偏伝ナリ、今ハ全伝トナス」という自負をのべ、かつまた「三伝ノ師ハ道博ク徳大ニシテ、吾ノ欽スル所ナリ、シカレドモ史才ハ末ナリ」と、痛烈な批判を下すのである。

このような確乎とした自主的精神で書かれた本書も、一見すると文章字句の上では中国風が横溢して、中国かぶれの甚しいもののように見える。それは著者が史法を厳格に守ろうとした精神によるものである。たとえば天皇を記すのに古い所は諡号で記すが、桓武天皇以後は追諡が欠けている。そこで年号でよぶといって、平城天皇を大同皇帝、嵯峨天皇を弘仁皇帝という。これは諡号についての知識が明確なこと、名分を重んずる精神の強いことからきているが、歴史事実としては少し行き過ぎた感じがする。国名や官名をわざわざ中国風にかえて記していることもそれであって、形式的な史法にとらわれて、史実をそこなったものである。

このほか、こういう例は多く、あまりにも史書の体裁に腐心して、肝腎の史書としての根本的な生命である史実をおろそかにしたという憾みをまぬかれることができない。極言すると、この書は、どうすれば名分の立った歴史を編修することができるかという体裁の研究の成果である。史実の書ではなく、史体の書である。この書物から史実を知ろうとすることは危険である。すでに知られた史実を著者がどう理解したかを知るに止めるべきである。

なお著者の日本によせる愛情と自信は驚くべきものであって、かれは至る所で中国に比して日本のよい所をのべている。序説志で、かれは仏説を引き、支那日本ともに大乗流布の地であるが、支那は大醇にして小疵あり、日本は醇乎として醇なるものといっている。願雑の王臣伝序には、わが国には聖君賢臣が相ついで出て仏法を尊ぶ、印度支那を見るにわが国の如き醇淑のものはない。日本は神世人皇一系の君がつづき移革したことがない、閻浮界裏《えんぶかいり》かくの如き至治の域あらんや、ともいっている。師錬の日本礼讃は驚くべきほど強い。禅僧は概して中国印度を尊び、日本を軽視した。中巌円月《ちゅうがんえんげつ》は『元亨釈書』を見て国朝の至宝といって讃嘆したが、支那は大醇にして小疵あり、日本は醇乎として醇なる者なりの一句は納得しがたいといった。師錬の日本的自覚は、この時代元寇の前後、朝野の間に起った国家観念の一つの現れといえるが、たんにそれだけでは説明できないものがあるのではないかと思うのである。

『善隣国宝記』

虎関師錬の後、南北朝から室町にかけて、五山の僧侶は概して日本歴史への関心がうすく、歴史に対する無知を示したが、一つ例外として相国寺の僧瑞谿周鳳《ずいけいしゅうほう》の著わした『善隣国宝記』三巻は異色ある史書として注目に値する。この書は文正元年（西紀一四六六）の著で、日本と中国との間の使者や僧侶の往来の歴史を編年順に記したもので、いわば外交史である。おおむね典拠の史料を引いて事実を録しているが、その史料の中には、今は伝わらぬ『経籍後伝記』・『海外国記』などの古書があり、推古朝の遣唐使、天智朝の唐使などの消息については、『書紀』に見えない事実をも記している。近い時代の足利将軍と明・朝鮮との往復の国書をのせていることも対明・対朝鮮外交の史料として貴重である。

この外に本書は著者の日本中心の史観を表明している点でも特別の意義がある。序文に、いま日本の学徒は、中国印度の書を読むが、日本の六国史等を読む者は少く、日本の事を知る者の少いのは誤であると断じている。また足利将軍の国書について論じ、自ら日本国王臣源と書いたり、中国の年号を用いることの不見識を難じ、日本国の下にはただ官位を書き、朝臣の二字を入れるべきである。年号は日本の年号を用いるか、或はたんに甲子を書くべきであると修正案を出している。そして、これは他日この事に預る者にさとすために記すといっている。だからこれは懐古的な書ではなく、現実の政務への指南書の意味も含ませていたのである。一世を風靡した中国崇拝の思想の中に立って、日本中心の気概をもって書かれた歴史書として、特筆せらるべきであろう。

三　歴史の学問的研究の芽ばえた時代

1　幕府の歴史編修 上

わが国の近世の歴史は、古代以来外国から受入れたいろいろの文化を、よくわが物に消化して、日本独自の文化を作り上げた過程であることに、大きな特色をもつが、それは学問の分野において、もっとも鮮かにあらわれた。

古代や中世の学問は、中国輸入の学問であって、どうして中国の学問をうけ伝え、それに劣らない成果をあげるかということに、おもな目標がおかれた。また、それらの日の学問は、学問としての独立が未熟であって、宗教と判然わかれず、文芸と密接に結付いていた。いわば地域的にも文化の領域的にも、独立を全くしていないものであった。

ところが、近世の学問は、この二面において、その独立をなしとげた。同じ儒学でも、日本的な儒学が起り、また日本の事物を研究の対象とする国学が発達した。そして、宗教や文芸からの独立としては、これをになった人が、僧侶や公家でなく、専門の学者になったという一事に、もっとも明らかに示されているであろう。

学問興隆の基礎

さて近世における学問の、このような興隆は何によるのであろうか。一般的な答えとしては、人間の知恵のたえざる進歩と、それの基にある社会が、永らくの戦乱をおえて、平和を希求したこと、かつ諸産業の興隆によって、余剰物資は蓄えられ、読書思索にふける時間が人々に与えられたことなどの条件をそなえたことをあげねばならぬ。そしてこのような背景の上に、特殊な原因としては、ときの皇室及び幕府に、好学の主が出て、学問興隆の政策を推し進めたことをもあげねばならぬ。

まず、皇室では、後陽成天皇が和漢の学に精しく、多くの書物を書写し、また講義をした。朝鮮より渡来の活字の法を採用して、書物を出版させた。いわゆる慶長勅版であり、『日本書紀』神代巻・『古文孝経』など、十種に近い書物が、活字で印刷せられた。日本の印刷史上の画期的な事実であった。

政治上の支配者であった徳川家康の好学も逸することができない。家康は武力で天下を平げたけれど、太平の天下を治めるには学問の力によらねばならぬことを知っていた。そこでかれは、藤原惺窩《せいか》・林羅山などを招いて、書物の講義をさせ、とくに羅山には幕府の文教政策をおし進める任を負わせた。

とくに、家康が学問興隆の上に立てた功績として、忘れてならないことは、天下の古書を集めてその副本を作り、また印刷をして世に普及させたことである。古書の蒐集謄写は直接には公家法度・武家法度を作るための資料を集めるいみがあったが、これが、それまで公家の家々に秘せられていた古書記録を世にひろめ、かつその保存に役立てるという、偉大な結果を生んだのである。この時、書写された本は、こんにち慶長写本の名をもって伝わり、珍重されている。この書写の仕事は慶長の末年、南禅寺金地院で行わせたもので、一本を三部ずつ写し、一部は禁中、一部は江戸、一部は駿府に、分散保存させたものである。この保存のしかたから見れば、書籍を一家の私とせず、公のものとして、永久に保存しようとする意図があったものと見られる。学問振興の上に寄与した大きな意義をみのがすことができない。

次に家康が行った出版事業は、書写事業よりも早く、慶長四年（西紀一五九九）から始まった。後陽成天皇の勅版は慶長二年に始められたから、それよりはおくれるが、それでもまだ政界の動揺の静まらない時に、早くもかれが書物の出版に眼を注いだことは、やはり学問への関心の深さを示すものである。これより慶長を通じ、最後は元和二年（西紀一六一六）に至るまで、各種の出版を行わせた。ことに、『東鑑《あずまかがみ》』五十一冊、『群書治要』四十七冊というような大部のものが取上げられた。これらの出版が、学問を広く民間に興すのに役立ったことは大きかったのである。

以上のような事情で、学問は近世の初めから、さい先のよいスタートをきったが、その学問の中でも歴史が重い位置を占めていたことを見のがし得ない。それは、第一家康が歴史を好んだのである。彼は、藤原惺窩から、『貞観政要』・『漢書』・『十七史詳節』などの史書の講義をうけており、板坂卜斎の記す所によると、『論語』・『中庸』・『史記』・『漢書』・『六韜《りくとう》』・『三略』・『貞観政要』・『延喜式』・『東鑑』などの書を好んだという。儒教の倫理説や政治説に耳を傾けるとともに、古今の治乱の迹《あと》をのべた歴史に深い興味をもったのである。そして、かれの行った古書の蒐集謄写の事業が、歴史研究の史料を整備する大きな意義をもったことは、いうまでもない。

家康に招かれ、学問上の顧問となった林羅山も歴史への旺盛な興味をもった人である。かれは宋の性理《せいり》の学を本領としたものの、歴史に詳しく、かつ国書・神道にも通暁していた。歴史を基調として、百科の学に通じていたことが、学問の現実的効用を重んじた家康のめがねにかない、草創期の幕府の文教を掌るにも適任であったのである。

家康・羅山の歴史好きの上に、もともと、この時代の学問の主流であった儒学そのものの性格からも歴史は重んぜられたのである。儒学は経とともに史を重んじたが、その経も史から帰納せられる事実を原理化したものであり、むしろ史に帰すべきものであった。「六経ハ皆史ナリ」（広瀬旭荘）「学問は歴史に極まり候事に候」（荻生徂徠）というような主張がなされるゆえんであった。

さて、近世の史学の興隆のあらわれとして、まず大部な史書の著述、史料の蒐集などが、幕府において行われたことについて述べよう。いわば、それは律令政府の行った六国史の編修に比せられる官府の修史事業であり、その時代の史学の水準を端的に示すものである。

幕府の修史事業は、江戸時代を通じて行われ、中間に多少の空白はあるが、前後はことにさかんに行われたもので、質量ともに豊かな歴史書となってあらわれた。その前期は、寛永から貞享のころまで、三代から五代将軍にわたる時代である。後期は、寛政から嘉永ころまで十一代十二代将軍の時代である。書名でいえば、前期に『寛永諸家系図伝』・『本朝通鑑』・『武徳大成記』・『東武実録』があり、後期に『寛政重修諸家譜』・『徳川実紀』・『後《のち》鑑《かがみ》』・『朝野旧聞裒藁《ちょうやきゅうぶんほうこう》』・『史料』の類がある。

史書の内容からいえば、江戸幕府みずからの歴史と、幕府成立以前の国の歴史との二つに大別される。支配者がみずからの支配権力の正当性を主張するためにみずからの歴史を書くことは、いつの時代でもあることでふしぎはないが、幕府とは直接の関係のなさそうな太古以来の国の歴史を編修したのは、どういう心理からであろうか。江戸幕府のように、背後に長い歴史を負っている場合には、その長い歴史的経過を述べることが、やがてみずからの出現の正当性を述べることに連るものであること、また、歴史をもって治政の参考、人倫の規範とする立場に立てば、太古以来の国の歴史がみずからの歴史と同じ価値をもって見られることなどによるのであろう。さて、このいみで分ければ、みずからの歴史は『武徳大成記』・『東武実録』・『徳川実紀』・『朝野旧聞裒藁』であり、寛永・寛政の系図はこれに準ずるものであり、国の歴史は『本朝通鑑』・『後鑑』・『史料』である。

ここではまず前期の大事業たる『本朝通鑑』の編修から始めよう。

『本朝通鑑』

『本朝通鑑』は、神代から後陽成天皇に至るまでの、日本の通史であって、その形式・内容の整備していることにおいて、さすがに近世初頭の学芸復興の勢にそむかないものである。その初は、三代将軍家光が、正保元年（西紀一六四四）林羅山に命じて国史を編修させたことにある。これより先、諸侯・旗本の系図の編纂は、寛永十八年（西紀一六四一）やはり羅山に命じて行わせ、その二十年には完成したのである。そして、同じ十八年に、羅山は『本朝神代帝王系図』・『鎌倉将軍譜』・『京都将軍譜』・『織田信長譜』・『豊臣秀吉譜』の起草をも命ぜられている。即ち幕府を中心とする諸家の系図に関心をもった時は、やがてその過去に続く武家や公家の系図にも関心を持たざるを得なかったことがこれでわかる。このような一連の諸系譜が完成した、あくる年が正保元年であって、公家武家の系図から、やがてそれらをひろめた日本歴史そのものへの欲求が起ったといえよう。

羅山は命を奉じて、神武天皇から宇多天皇に至るまでの歴史を編修し、これを四十巻にまとめ、『本朝編年録』と題して将軍に献じた。神武天皇から光孝天皇までは、『日本紀』以下の国史を基とし、繁を刪《けず》り、要を取り、それに宇多天皇一代を加えて功を終えたが、それ以後は国史がなく、史料は求められないので、しばらく筆をおいて後命を待った。

その後、明暦三年（西紀一六五七）江戸城は火災にあい、『編年録』は焼けてしまった。羅山が幕府から賜わった銅瓦の文庫も罹災し、羅山自慢の一万余巻の和漢の書も焼失したので、かれは落胆し、数日にして逝去した（七十五歳）。羅山には四男があり、長男・次男は早世し、第三男恕《しのぶ》（春斎、鵞峯《がほう》）・第四男靖（春徳、読耕斎《どっこうさい》）が家学をうけて、『編年録』も実はこの二子が草稿を作った。すなわち神武天皇から持統天皇までは春斎、文武天皇から桓武天皇までは春徳が起草したのである。ところが春徳は万治四年（寛文元年／西紀一六六一）三十八歳で死んだ。そして寛文二年（西紀一六六二）国史編修再興のことが、四代将軍家綱の命として、春斎に伝えられたのである。

国史編修のことが、実際に始まったのは、寛文四年である。この年七月二十八日永井伊賀守尚庸《なおつね》が奉行となり、林家の忍岡《しのぶがおか》の山荘弘文院に長寮を新築して編修の所とし、春斎がその編修主任となり、その二子春信・春常（鳳岡《ほうこう》）・門生人見友元・坂井伯元らが、これを助けた。その仕事は、神武天皇から宇多天皇までの、先にでき上っている部分は、春斎の家に残った草本によって清書し、醍醐天皇以後はあらたに史料を採訪して編修するということであった。この年十月、老中の議をへて、将軍の命により、『本朝編年録』は『本朝通鑑』と名を改めた。中国の『資治通鑑』、朝鮮の『東国通鑑』等にならって、わが国の史書の代表としようとするものであり、春斎はこれを亡父の志であるとして喜んだ。

着手以来六年、春斎以下の努力によって、寛文十年（西紀一六七〇）ついにその脱稿を見た。正編四十巻（神武～宇多）、続編二百三十巻（醍醐～後陽成）、前編三巻（神代）、提要三十巻、附録五巻、首二巻、合せて三百十巻である。幕府へは浄書・中書の二本を献じた。幕府は浄書本を官庫に納め、中書本を将軍の座右においた。いま内閣文庫にあるものは、将軍座右の書であって、大正八年国書刊行会で刊行した本は、この内閣文庫本を底本とし、浄書本で校合したものである。

春斎は、忍岡の国史編修の長寮を国史館と名づけ、館中の日記を克明に記載した。『国史館日録』というものはこれである。この日記は春斎らの編修事業の経緯を知るのに貴重な材料となる。また諸大名の言行、世上の有様などをも知ることができ、興味ある事実が多いが、いまは、編修に関係する次の一事だけを紹介するにとどめよう。

この事業は、老中以下老臣の十分な理解と支援によって行われ、春斎も大きな抱負と強い気力とで、これにあたった。初め老中らの議定した編修所の人員は、春斎の二子及び友元・伯元の外は十人ほどであって、春斎の初めに希望した数の半ばにも足りなかった。春斎はこれを不満として、城中で老中列座の前でいった。寛永の『系図伝』編纂の時でも、事に預る者は三十余人、写字の者は三十余人であった。このたびの事業はそれよりも大きいのに、人員はその半ばに及ばない。たとえば寡兵をもって堅城を攻めるようなものである。自分の精力はここに尽きて、死ぬであろう。もし幸いに功をなしたならば、官家の余光であると。老中酒井忠清(後に大老)はかねてかれに好意をもっているので、これを戯言として咎めなかったが、座にある者は、春斎の意気のはげしいのに驚いた。翌日、かれは忠清の邸に行き、無礼を謝したが、忠清はその時、果して此の事は成功するや否やを問うた。かれは答えるのに、某《それがし》の命が終らなければ、遅速はあっても必ず成功する。不幸にして歿すれば、子どもがこれを継ぐであろう。ただかれらは文字を嗜むけれども、倭学になれていないのですこぶる未熟の考がある。某一人存すれば成功する。某一人存しなければ、人を多く増しても功は終えがたい。いま諸生の人員を増すことを申したのは、その成功の早きを願ったためである。遅きを咎めなければ、労はけっして厭わないと。二月たって、忠清は、これに対して、われ必ず汝を捨てず、心を労するなかれ、とはげました。二月たって、忠清は国史館を訪れて、執務の様子をたしく視察した。春斎は、春信らの草した原稿を見せた。忠清は莞爾としていった。大気根でなければ、このしごとはできない。卿は先にこれを武人の攻城に比したが、誇張の言ではないと。上機嫌で館を去った。

この事業に忠清のこのような理解と同情を得られたことが、どんなに幸いしたか、はかり知れまい。それどころか、老中阿部忠秋、稲葉正則、姫路城主榊原忠次などの人々も、事業に深い関心を示し、公私各方面から春斎を援助した。当局者に、好学の人々のそろったのは、ひとり春斎の幸にとどまらず、日本史学史の幸であったといえよう。

史料の蒐集も、幕府の命として行われた。寺社奉行に命じ諸国の寺社に告げて、延喜以後の公家武家の旧記を求めさせたり、在府士林の書を蔵している人には、各々目録を提出させたりした。本屋から珍しい本を次々に買い上げ、水戸藩などから書物を借りてもいる。

この書の内容についていえば、首に凡例があり、詳細に執筆の方針が定められている。史体は、天皇の一代ごとに区ぎる編年体である。道義的批判は表面の文字としては現わさないが、根本の精神としては、これを堅持する。凡例に「事ニ拠リテ直書シ、義自ラ見ハル。而シテ勧懲ノ意、亦ソノ中ニアリ。」（原漢文）とあって、事実を直書してそれがおのずから道義的批判の効果をもつことを期待している。従って事実の選択に意が用いられるわけで、

「忠臣孝子貞女ハ微賤トイヘドモ漏ラサズ、」「朝敵逆臣ソノ始末ハ悉《ことごと》ク之ヲ記ス、而シテ叛乱ノ罪自ラ見ハル」というような方法をとるのである。ここに「事ニ拠リテ直書ス」といっているいみは、『春秋』や『通鑑綱目』のように、一字一字に褒貶の意をもたせて、道徳的批判を字句の上に明白におし出すという方法に対して、そうした書法を執らないということであるが、道徳的批判の精神を没却したということではない。内には古来かわらない所の史に対する考え方、人生や政治の鑑戒としての史に対する期待がよせられていたのである。

凡例についで、引用書目を正史・神書・朝儀・家録等に分けて列挙しているが、その範囲は当時としてはかなり広汎であるといえる。ことに「緇林《しりん》」の中で五山僧侶の詩文集を多くあげていること、「華韓」として中国・朝鮮の史書・詩文集をあげていることなどは、他書に見られない特色である。

本文の内容を一言でいえば、古代は大体皇室中心の政治史であり、それに学芸史上の史実を比較的多くのせている。近世には武将の記述が多く、ことに家康の動静はもれなく記し、神君・大神君と称し、闕字又は平出とし、最大の敬意を払っている。本文中、間々分註として史実の説明考証がある。また事が怪誕にわたり、信ずることのできないものでも、人口に膾炙するものは、低書して本文に記している。歴史認識の合理性を尊重はするものの、古伝を全く捨てるにも忍びない不徹底さは、この当時としてはけだし止むを得まい。

最後に、この書については古来問題とされている一事がある。それは、わが皇統が呉の太伯に出るという説を本書がのせたということである。このことは、水戸の史臣安藤為章の

『年山打聞《ねんざんうちぎき》』の中に見える。家綱将軍のときに、光圀《みつくに》が尾張の光友、紀伊の光貞らと江戸城に会した時、老中が『本朝通鑑』をもって来て、その版行を命じたということを告げた。光圀は、その一、二巻を見て、本朝の始祖が呉の太伯の末であると書いてあるのに驚き、これでは醜を万代に残すものである、早く林家に命じてこの説を削らすべきであるといい、尾・紀の二人もこれに従い、版行のことはやんだというのである。

これに対し、明治時代日下寛氏が疑問をいだき、いまの『通鑑』には呉の太伯の胤ということは見えていない。また道春・春斎の私の論には呉の太伯説に賛成したような所もあるが、『通鑑』には明らかに、この説をとらないということを明言しているから、公私の別を弁えているのであって、『通鑑』は初から太伯説をとっていない。これは『通鑑』の冤罪であると論じた。これに対し、栗田寛・木村正辞らの博士は駁論をのべて、『年山打聞』の説を支持した。しかし、私は、日下氏説に賛成する。

林家が『通鑑』の編修を重要な官事とし、皇統に少しでも問題のある所は、私議を控えて公命を待とうとした態度が、『国史館日録』には明示されているから、重大な始祖の問題について軽々しい判断をしたとは思われない。『打聞』の説は誤聞であるか、林家を誹謗しようという造意の言である。

わが国の皇室の始祖を呉の太伯の後とするのは、『晋書』以下の中国の歴史に見えることであり、これにもとづいてわが知識人の間にもその説が知られたのである。太伯は、周の古《こ》公亶父《こうたんぽ》の長子であるが、国を第三子季歴にゆずって刑蛮にのがれ、断髪文身して夷狄に混じたのであり、孔子からは至徳といわれた。恐らくその断髪文身の風が、倭人の俗として中国に伝えられたものと同じであるので、太伯の後という附会は生じたのであろう。暦応四年(興国二年/西紀一三四一)建仁寺の中巌円月は、『日本紀』を撰し、書中でわが始祖を呉の太伯の後とした。朝議はこれをきらって、この書の流布をとどめた。また室町時代随一の碩学一条兼良も『日本書紀《にほんしょき》纂疏《さんそ》』の中でこれに言及し、わが国号の一として姫氏国《きしこく》の名が宝誌和尚の讖文《しんぶん》に見えるが、太伯の後であるから姫氏国と名づけるという説がある。けれど、わが国はみな天神の苗裔であるから、太伯の後であるはずはない、これは附会の言である、といっている。

このように、この問題は、漢籍に親しむことの深く、国史にも関心を持った学者は、一応考えるべきものであったといえよう。そこで羅山も、「神武天皇論」「太伯」というような論文で、これを論じている。論旨は、前者では円月を紹介し、円月説を敷衍しながら、それには疑義の存することを認め、私撰の書と官撰の書とでは態度を別にしなければならぬということをのべている。後者では明白に太伯反対論をのべている。これによると羅山は、私論としても太伯説を信じていたとはいわれない。博学のかれであるから、太伯説を看過することはできなかったが、それへの価値判断は、天下の公論として取るべきではないと、はっきり考えていたのである。だから、春斎も『本朝通鑑』前編の終に、神代紀編述の態度をのべて『日本書紀』をもって正とし、『旧事紀《くじき》』・『古事記』を参考して、同異を弁じ繁冗を削り低書すといい、もしそれ少康泰伯の事は、異域の伝称する所、今は取らず、とその公的な態度を表明している。こういう事実を無視して、『年山打聞』の説をとるのは、まさに冤罪であろうと思うのである。

『寛永諸家系図伝』

次に幕府みずからの歴史にうつって、その最も早く行われたものとして、寛永の『系図伝』編纂を取上げよう。これは『本朝通鑑』よりも早く寛永十八年（西紀一六四一）に編纂が命ぜられたもので、幕府の修史事業としては最初の試みであった。寛永十八年といえば、家光が将軍となって十九年目である。幕府が諸大名を統御する実力と権威をしっかりと確立したころである。ここで、大名から旗本御家人に及ぶ全武家について系図を編纂しようというのは、幕府の武家統制の実力が遠く過去にさかのぼって、家々の由来をきわめ、紛争を正そうとするものであって、精神的に、また歴史的に全武家を把握するいみをもつのである。奉行太田資宗の名で記された、この書の序に、

諸家其官禄をしる時は、御恩のあつき事をわすれす、其勲功をのする時は、先祖のつとめをおもふへし。しかれは、忠孝の道、無窮の徳とともに、千万世の後までたれかあふきたてまつらさらんや。

とあるのは、表面は諸家の立場でのべられた言葉であるが、幕府の心としては、諸家の先祖

を明らかにして、かれらの将来の奉公を期待しようとしたものであろう。

はじめ編纂に与ったのは、羅山と春斎であった。そして、大小名・譜代・近習・番衆など、俸禄をうける者のすべてから、家譜を呈出させ、その数は数千人に及んだ。その呈出されたものについて、羅山らが真偽を弁じ、新旧を正して編修をしたが、将軍の命により、漢字本と仮名本の二通を作ることになったので、十九年あらたに編修員を増加し、金地院元良、水戸の臣人見卜幽《ひとみぼくゆう》・辻了的《つじりょうてき》らが加わり、二十年九月、遂に漢字仮名両本あわせて三百七十二巻の大著を完成した。

編纂の方針は、羅山の書いた寛永諸家系図伝示諭と清和源氏系図伝条例とに見えているが、編纂の苦心は並々でなかったのである。長い戦国の争乱で、社会層に大きな変動があり、名もない土民の子で有力な武家となり、この系図にのせられる対象に入ったものも多いのである。そして家系を詐称し、系図を造作する試みも、さかんに行われたという挿話も伝えられている。したがって、各自の呈出した系図の真偽を鑑別し、正しいものを定めるのには、歴史についての深い学識を必要としたのである。だから羅山が編纂の任に当ったことは、もっとも当を得た人選であった。かれは、しばしば中国の事例を引いて、姓氏のあり方、叙述の体例などの参考とし、また日本歴史についての知識を利用して編纂法を定めている。たとえば、鎌倉幕府のとき、北条氏は天下の権をとったが、その位は四位をこえない。室町幕府のとき、斯波・細川・畠山の管領で三位に昇った者は一、二人で、大略は四位にとどまった。それ故に、天正以前の武臣の官位はみだりに昇ったはずはない。家に称する所は高位に昇ったことになっていても、それは評議して定めねばならぬ。また上総・上野・常陸は、親王の任国であって、太守と称する。常人がこれに任ずれば介である。だから家記に、この三国の守に任ずるとあるものは用いることができない。介と改める、と示諭に称している。羅山の日本歴史についての知識によって、よい効果をあげた例である。なお編纂の一般的な心がまえとして、

寧《むし》ロ拙ナルモ誤ルナカレ。寧ロ俗ナルモ鄙ナルナカレ。寧ロ繁ナルモ脱スルナカレ。寧ロ樸《ぼく》ナルモ偽ナルナカレ。ソノ詳ニシテ且ツ精ナランコトヲ庶幾《こいねが》フ。（原漢文）

とあって、字句の修飾に欠陥はあっても、事実の記載に遺漏や誤謬のないことを望むものであり、歴史叙述の本義に徹しているものといえる。

また、この書が漢字仮名両本を作ったことは意義の深いことである。その理由については、表面説明されていないが、他日内容について疑義の起った場合、両者を対照して真義を決定するという実用的意義もあったと思う。また、両様の書を作ることによって、その書の権威を高めるという意図もあったと思う。そして、いま一つは、公式文は当然漢文であるべきであるが、仮名交り文が一般に広く行われ、この系図にのせられた大多数の人にとっては、むしろ仮名交り文の方が親しみ易いものであったという時代の大勢も反映していると思う。この後幕府の編修した歴史がたいてい仮名交りに書かれたことの先駆をなすものと見る

ことができる。

『寛永系図』の編纂は、広く諸氏の先祖を明らかにすることによって、幕政に役立てようとしたのであるが、別に将軍の権威の由来する所をきわめて、幕府の権威を高めるのに役立てようともしたであろう。そのためには、まず家康の事績の回顧である。家康の事績を記したものとしては、早くは『創業記考異』が家康の孫、紀州家の光貞の手で撰ばれ、寛永十二年(西紀一六三五)将軍に献ぜられ、『神君年譜』が尾州家の義直の命で作られ、正保三年(西紀一六四六)将軍に献ぜられた。尾州・紀州の二家で家康を追慕する、かような書が撰ばれたとすれば、幕府自身でも多くの用意をととのえて、よりよき家康の伝記を作ろうとするであろう。そして、それは『武徳大成記』としてあらわれた。

『武徳大成記』

『武徳大成記』編修の計画は五代綱吉の時に始まった。天和三年(西紀一六八四)十一月廿五日、万石以上の輩に命じて、三河以来当家の事を記した書籍や家々の記録があれば呈出させ、所蔵しない者はその旨を申出させた。『大成記』のための材料蒐集の試みである。

編者は、春斎の子春常(鳳岡)、人見友元、木下順庵であり、三年をへて、貞享三年(西紀一六八六)九月、三十巻にまとめて将軍に献じた。跋文に、『参河記』・諸家の伝記・系図等をあわせとって、要を取り疑わしきを除き、誤を正し繁きを删り、両説にして決しがたいことは、共にこれをのせ、私意を加えず書記したと述べている。本文を見ると、異説が「一曰」と題してのせられており、両説をあげた慎重な態度がわかるが、私意を加えないという客観主義が徹底しているとはいえない。家康やその先祖を讃嘆する筆を随所に揮っていることは見のがし得ない現実である。恐らく編者にとっては、かようなことは私意をこえた絶対の要請と考えられたに違いない。

内容は家康一代の事績であるが、初めの三巻ほどは親氏以下の先祖のことを記し、第四から家康の事績に入り年次を追って叙述し、巻三十大坂陣から、家康の任太政大臣、宮号の勅賜にまで及んでいる。文章は仮名交りであるが、和漢の成句を巧に使って修飾しており、挿話的の記事もあり、筆者の詠嘆感慨も記されて、軍記物語に似ている。ただし史料の出典を明記せず、記事の信憑性にも不十分の所があり、史書としての高い価値は認められない。昔から、これには批判的の見解があって、吉宗なども、その記事を虚飾に過ぎるものとしてしりぞけたという。

『東武実録』

次に家康につぐ秀忠の事績も綱吉将軍のときに公式に編纂せられた。『東武実録』四十巻はその成果である。寄合松平忠冬が命をうけて編修に当り、貞享元年（西紀一六八五）十二月十二日献上された。内容は元和二年（西紀一六一六）正月、即ち家康逝去の年の初めから、寛永九年（西紀一六三二）十二月、即ち秀忠死去の年の終までに及ぶ、編年体の歴史である。年中行事、法令の発布、諸侯の国替任叙、諸侯旗本御家人の死歿出仕などを克明に記したもので、主観的判断にわたる記事は、ほとんどない。客観主義に徹底している。同じ時代の幕府の公式の歴史にも、『武徳大成記』のような文学的歴史と、本書のような実録的歴史との二つの流れのあることは、興味あることである。

2　幕府の歴史編修　下

幕府の歴史編修は、前期の盛りを貞享頃で終え、以後はしばらく下火となる。綱吉は二代秀忠の事績を編してからは、三代家光の事績の編修にも向ってしかるべきであったと思うが、そのようすは見えない。六代家宣は、祖宗代々の歴史を編修する意志があったが、早く歿したために、実現に及ばなかった。

『武徳編年集成』・『御撰大坂軍記』　八代将軍吉宗は、前代の文弱を改め、家康創業の武断の政に復することを施政の大方針としたから、このときに家康時代の歴史が強く顧みられたことは自然である。私撰ではあるが、『武徳編年集成』九十三巻は、寛保元年（西紀一七四一）幕府に上られ、『御撰大坂軍記』は、寛保三年（西紀一七四三）十月四日、その編修が命ぜられた。『武徳編年集成』は木村高敦の撰したもので、家康一代の歴史である。『大坂軍記』は、幕府の公的な編纂書で、林信充（榴岡《りゅうこう》）らの撰したものであるが、ただ大坂陣に関する史料を列べたものに過ぎず、綱文や按文はなく、歴史としては粗末なものである。ただ、このような主題で史料が集められたということは、『武徳大成記』のような文学的歴史への、史学的な立場からの批判を示すものである。

後期の本格的な修史事業は、家斉将軍の寛政の末から始まった。家斉将軍の時代は、前代の田沼の放漫政策のあとをうけて、幕藩体制の危機が人々に深く感ぜられたときであり、その故にその初めは賢明の誉れの高い松平定信を老中首座に起用して、緊粛政治を励行した。一方、文化はこの頃に至って爛熟の姿を呈し、学問も各派が競い起ったために、幕府は異学の禁を令して、朱子学以外の異学を禁ずるという、教学政策にも強力な統制を加えたときである。このような時代なので、幕府はあらためて過去の盛時を回顧し、今日に処する心がまえを固めるために、歴史の編修を企図したのであろう。ただ、前期は、現実の繁栄をふまえ、未来への洋々たる希望をもって、修史が行われたのとちがい、いまは、現実の繁栄はうわべにこそあれ、内実は危機感の逼迫をまぬかれず、未来への見通しも暗いので、その歴史意識は、過去の盛時への形式的な回顧と、現在の事態への安住ないし執着にもっぱらであり、勢いでき上ったものは、形式的には整って、量の大きさなどを誇っても、力強い気力や新鮮な精神には欠けたものであった。

『寛政重修諸家譜』

さて、後期の修史事業のさきがけとなったものは、前期においてもそうであったように、系図の編纂であった。すなわち前期の『寛永諸家系図伝』を修正増補したものとしての『寛政重修諸家譜』の編纂である。『寛政家譜』は千五百三十巻の大部の書であるが、それには巻首に、漢文で書かれた総裁堀田正敦の序文と、仮名交りで書かれた条例とがあるので、それらと『徳川実紀』などを参照すると、この書の編修せられた目的や事情を知ることができる。

序文によると、この書の編纂は堀田正敦の発意によるものである。『寛永系図』以来、時も二百年近くを経過したので、その後の人々の世代を追書すべきであるが、それができていない。そこでかれは自らこの書を編しようと考えて、これを上申し、将軍の命をうけて、みずから総裁となり、同族の堀田正毅がその副となって、事業を始めたのである。具体的な編修方針としては、初は『寛永系譜』を書き継ぐということを考えたが、今度諸家の呈出した家譜を見ると、まま『寛永譜』と符合しないものがある。すなわちその昔は十分に史料を得られなかったが、後になって新しい史料を得て、先の記の誤であったことが知られた場合が少くない。そこで編修の方針をかえ、先の体例を改め、誤りを刪り、正しきを補い、或は両者を残して、いわゆる重修の形をとった、とある。

そこで、『寛永系図』によりながら、それとはかなり内容を異にした『寛政譜』が成立することとなった。体例の上における最も大きな相違は、『寛永譜』が清和源氏・平氏・藤原氏・諸氏と四部に大分けしたのに対し、『寛政譜』は、『姓氏録《しょうじろく》』によって、皇別・神別・諸蕃の三部に分け、おのおのの中では分流の多いものを先に出した。そのことは、皇別では清和源氏を第一にすることであって、結局徳川氏を含む清和源氏が第一に出るということでは、両者かわりはないが、『姓氏録』を根拠に持出してきたことに、形式の整備と幕府の自負とがうかがわれる。

記載の内容は、家々の祖についていては神代のむかしにさかのぼって源をきわめ、最近は寛政十年（西紀一七九八）を以て終として筆をとどめたというから、記述の範囲は『寛永譜』よりもはるかに長い時代に及ぶのである。しかも単なる系図ではなく、各人について詳細な閲歴を記載し、一面伝記集成の形をもなしている。事実の認定には慎重な手続をとり、つとめて公平を考えている。前にのべたように、寛永の旧譜と今の呈譜とを比較参照し、異同があれば、貞享の呈譜や官本の系図・諸記録、公の日記などについて考究を加えて訂正したが、その際は必ず理由を記し、是非の決しがたいものは両説を存し、議すべきものには按文を加える、という周到な用意を施している。そこには、一般の歴史研究の進歩によって、正確な史実の認識に少しでも近づこうとする配慮が示されている。

この書は寛政十一年（西紀一七九九）起筆して、文化九年（西紀一八一二）に完成した。事業の総裁は若年寄堀田正敦で、大学頭林衡《たいら》もこれにあづかり、ほかに編修に従った者すべて四十六人、中には国学者屋代弘賢の名も見える。

『史料』

次に、時間的にこの事業の次に来るものは、和学講談所の『史料』編纂事業である。これは塙保己一の発意により、和学講談所の事業として行われたもので、幕府はそれに認可を与えて必要経費を支弁したというのみで、他の事業のように積極的に幕府が行ったものではない。それに対する気のいれ方もちがっていたが、形式的には林大学頭の監督のもとに塙をしてこれを行わせたので、官撰修史の一つに数えてよかろう。

保己一は、これより先、安永八年（西紀一七七九）『群書類従』開板の願を起して、着々とその仕事を進め、水戸の『大日本史』の校正にも与り、和学者としてのゆるぎない地位を占めた。寛政五年（西紀一七九三）、当時漢学の講説はさかんであり、神道歌道についてもそれぞれの家があるが、国史律令については、まだ専門に講究する所がないので、その講究の場所を作りたいということを幕府に願出で、許されて、地所をもらい、和学講談所を設立した。ここで、国史律令の善本を世に弘めることを考え、『日本後紀』・『令義解』・『百錬抄』などをつぎつぎに出版した。そして享和元年（西紀一八〇一）には、六国史につぐ時代（宇多天皇〜正親町天皇）の『史料』の編纂を企て、その予算書を幕府に呈出し、資金の下付を請うた。享和三年（西紀一八〇三）再びこれを申請したが、ようやく文化三年（西紀一八〇六）になって、幕府はまず試験的に一、二年の間これを行うことを認め、経費として五十両を下付した。

この前から、幕府は『武家名目抄《ぶけみようもくしよう》』の編纂を保己一に命じていたので、和学講談所ではこの両事業を行うことになった。そして幕府の関心は『武家名目抄』を早く完成させることにあり、保己一は新事業たる『史料』の方に興味があったらしい。しかも有能な保己一は、この両事業を巧みに並行させて進めることができた。すなわち、『史料』は文化三年（西紀一八〇六）十一月稿を起して、翌文化四年正月には『宇多天皇事記』十二冊を編し、五月までにはさらに九十冊を編し、かねて『武家名目抄』十五冊をも作るという快速調であった。幕府は、この試験的な処置で、事業継続の決意をかため、本格的に文化五年（西紀一八〇八）から毎年五十両の経費を支出し、七、八人の編修員を定めて、事業を行わせた。編修員はもっぱら塾生の中からえらんだが、その給料は一日銀三匁《もんめ》、賄料一匁一分という薄給であった。

しかし、保己一は鋭意仕事を進め、文化七年（西紀一八一〇）『宇多天皇事記』二十二冊を清書献上し、文化九年（西紀一八一二）『醍醐天皇事記』五十七冊を清書献上した。この後の進みは必ずしも順調でなく、文化十四年（西紀一八一七）に『朱雀天皇事記』三十七冊を献上しただけで、文政四年（西紀一八三三）に保己一は歿し、その次の『村上天皇事記』五十冊は、文政五年（西紀一八三四）に献上した。保己一歿後も、門人がこの事業を継続したことはかわりなかったが、幕末騒乱の世となって、幕府の関心もうすらいだので、文久元年（西紀一八六一）、後一条天皇万寿元年（西紀一〇二四）までの『史料』を作ったところで、この事業は終となった。それまでに完成した『史料』は、宇多天皇から後一条天皇まで四百三十冊であった。

その体裁は、編年的に年月日にかけて、関係史料を採録し、綱文を提挙する方法で、明治以後今日まで行われている国の史料編纂事業は、外面的にはいろいろの曲折があるが、内容的には全くこの事業を継承したものである。幕府がみずからの政権維持に直接の関係もないこの事業を、六十六年の長い間行っていたということは、学問を重んじた幕府伝統の政策を恥しめなかったものといってよく、後世に与えた学問的寄与も高く評価さるべきものがある。それが主観を交えない、純粋客観の態度においてなされたことは、『徳川実紀』などの、ひとりよがりの自己讃美に終った歴史とは、同日に論ずることのできないものがある。

『徳川実紀』

次に『徳川実紀』である。『徳川実紀』は、大学頭林衡総裁のもとに、奥儒者成島司直《なるしまもとなお》が撰んだもので、文化六年（西紀一八〇九）起稿し、嘉永二年（西紀一八四九）完成したといわれる。『徳川実紀』という名は、公式の称ではなく、本来は将軍代々の廟号を冠して、『東照宮御実紀』・『台徳院殿御実紀』などといわれ、総称してはたんに『御実紀』といった。対象とした所は、家康より十代家治までの歴代将軍の言行であり、中国の歴史でいえば皇帝の実録に比すべきものである。

歴代について、公的な事件を編年的に記した本編と、逸事言行等を類聚的に記した附録とがあり、全部あわせて本編四百四十七冊、附録六十八冊で計五百十五冊、成書例・総目録・引用書目一冊を加えて、計五百十六冊である。成書例は、この書の編修の用意を記したもので、編修技法の進歩がよくうかがわれる。体例の模範を、日本では『文徳実録』・『三代実録』に求め、中国では唐の『順宗実録』、明清の『実録』に求めており、広く古今の修史法を参考し、適当なものを取るという学問的な態度が、うかがわれる。採録すべき記事については、大名は国持・城主・領主の三階級にわけ、品秩《ほんちつ》は四品以上・万石以上・布衣《ほい》以上・御目見以上の四段にわけ、各階級について、こまかい規定を設ける。たとえば、卒日に伝を立てるのは万石以上に限り、役替は布衣以上に限り、養老の賜は御目見以上とするというたぐいで、修史法の精密さが察せられる。けれど、大事をのせて小事を省くという原則を立てるが、瑣末の事でも大政の得失にあずかるものはこれを洩らさない。善行嘉言または口碑に伝えて後の模範とすべきものは集めて附録とするという方針もとるので、記載事実の取捨には編者の主観の大きく作用する余地がある。そして、その最も著しいものとして、将軍の事績の誇大な讃美におちいり、その欠点弱点にはことさらに目をつむるという結果を生んだのは遺憾である。これまでの多くの史書のように、事実の客観的記載に終始したものとはちがって、逸事・挿話などの興味のあるものがのせられて、うるおいが感ぜられるが、一方的な讃辞が多いので、事実がどこまで信用できるかに疑問のいだかれるような場合もある。引用書目は七百四十四部もあり、史料蒐集に努力した跡は認められる。

文体は、達意の仮名交り文であり、無用の文飾はないが美しさを失わず、好感のもてる文章である。これは時代の文化水準の高さを示すものといえよう。本文の下には出典の書名を記しているが、それは将軍に献じた正本には削ってあり、副本にはのせてあったものである。ともあれ、専制君主をこのように神格化し、偶像視して崇めねばならぬ所に、すでにその専制の現実的な基盤の弱まったことを暴露するものといえる。『創業記考異』とか『東武実録』などに見られた幕府初政時代の歴史の素朴な力強さと対比するとき、感慨の無量なものをおぼえる。

『続徳川実紀』

『徳川実紀』についで『続徳川実紀』も編修せられた。この書は、家斉《いえなり》将軍以下歴代の実紀を編修することを目的としたが、幕府の瓦解によって完成するに至らず、家斉・家慶《いえよし》の二代は漸く形を整えたが、家定以後はただ史料を配列して綱文を立てただけである。そして、この形のものは、慶喜の明治元年閏四月まで書かれている。編者は、成島司直、その子良譲《よしのり》、その子和温（柳北）である。従って、編修の体は全く正篇と同じで、完成した部分家斉・家慶二代の紀は正篇と区別がつかない。それ以後の史料稿本ともいうべき部分は、恐らく正篇なみの文章を書くだけの余裕を失って、改めて立てた体裁であろう。この事業は徳川氏が大政を奉還して、静岡藩主にうつされて後も行われ、明治三年までつづけられた。

『朝野旧聞裒藁』

次に、『徳川実紀』にややおくれて編修に着手せられた徳川氏の歴史に『朝野旧聞裒藁《ちょうやきゅうぶんほうこう》』がある。この書は、大学頭林衡の編する所であり、文政二年（西紀一八一九）稿を起し、天保十二年（西紀一八四一）に稿を終えた。この年六月に衡は卒したので、子の皝《ひかる》があとをつぎ、翌天保十三年これを幕府に献じた。事にあずかった者は、戸田氏栄以下二十一人であった。

この書は一千九十三巻の大著であって、徳川氏創業の事績を詳かにすることを目的とする。従って徳川の遠祖から筆を起し、家康一代の事績を記し、関が原・大坂両大戦の戦記を別録とした。編年体であって、先ず綱文を掲げ、次に一字をひくめて、引用史料を列挙する。体裁は全く塙の『史料』と同じである。『徳川実紀』の編修の行われている一面、このような編修の行われたのは重複のきらいがあるが、かれとはおのずから体裁のちがいがあり、対象の時代もちがう。そして、これは林衡の発意により幕府の事業としたものであるから、あるいは『実紀』の古い部分を修正する意図をもっていたものかもしれない。史料の博捜と考証の精緻とは、最も努めた所であって、随所に按文を加えて、史実を推定したところなどは、今日でも傾聴すべきものがある。『大日本史料』第十二編には、しばしばこの按文をのせている。

古文書の採集利用

また、この書には、材料として古文書を豊富に使い、古文書によって綱文を立てている所があるが、これも史料研究の進歩を示すものである。広い意味での古文書を歴史編修の史料に使うことは、六国史の昔から行われたが、個人の書状などを主とする古文書を歴史の材料としたり、またそれを編纂したりすることは、江戸時代に入って、山鹿素行の『武家事紀』に始まるといわれる。林家の『本朝通鑑』の編修では、ごく僅かばかり古文書を参考したに止まるようであるが、水戸の『大日本史』では、各地から古文書を採集し、史料の重要な要素とみなしている。幕府でも八代吉宗将軍のときに、本格的な古文書採訪の事業を始めた。吉宗は古書を愛し、古文書を尊んで、まず駿河一国内の社寺及び百姓に、その所蔵の古文書の書上げを命じ、ついで青木昆陽を甲斐・信濃・武蔵・相模・伊豆・遠江・三河などの七国に出張させて、古文書の採訪を行わせた。採訪した古文書はみな江戸で影写本を作って、原本は持主に返した。その影写本は、いま内閣文庫に『諸州古文書』の名で伝わる二十八冊本だという。つづいて、松平定信は、寛政五年（西紀一七九三）老中を退いてから、有名な『集古十種』を編纂したが、一方古文書をも集めて、『古文書部類』八十二冊を編纂した。これは、江戸時代以前の古文書約二千通を、宸筆・綸旨・院宣などの様式によって分類編纂したもので、学問的に古文書を分類したものとして意義が深い。次に、幕府は文化七年（西紀一八一〇）から地誌の編纂を企て、まず『新編武蔵国風土記稿』を作り、ついで『新編相模国風土記稿』を作ったが、これらの地誌には、土地に伝わった古文書を原文のままあげており、古文書集たる一面ももっている。そしてその古文書集ばかりを単行のものとして、『武州文書』・『相州文書』もえらばれた。

幕府にならって、諸藩でもこの頃には古文書の採訪・編纂が行われた。歴史に古文書を利用する態勢はすでにととのってきたのである。

『後　鑑』

なお、後期編修の歴史として『後鑑《のちかがみ》』がある。これは室町将軍の実録であって、本編三百四十七巻、附録二十巻である。天保八年（西紀一八三七）編纂に着手し、嘉永六年（西紀一八五三）に完成した。編者は成島司直の子良譲である。体裁は綱文をかかげ史料を列挙した形式である。『吾妻鏡』に範をとるとはいっているが、自己の幕府とは直接の縁のない昔の将軍の事を書くのであるから、『吾妻鏡』よりは客観性が濃い。史料として、公卿の家記・古文書・戦記類を広く取っているが、限られた範囲であり、今日から見ればもちろん不完全である。けれども幕府の修史事業は、これで日本歴史の全時代にわたったともいえるのであって、幕末多事の際にこれを完成したことは、江戸幕府の修史への意欲が最後まで健在したこと、日本の修史の歴史を考えるとき、江戸幕府の功績は特筆されねばならぬことを感ずるのである。

以上あげた幕府の修史は、一般史であるが、この外《ほか》特殊史ともいうべき分野での編修も多かった。たとえば、すでに言及したことでもあるが、武家の制度史ともいうべき和学講談所編修の『武家名目抄』三百八十一冊、国別外交史たる林復斎編修の『通航一覧』三百七十五巻（嘉永六年成る）、開国から万延元年までの文書を集めた『通信全覧』三百十九巻（慶応二年成る）、地誌として林述斎監修の『新編武蔵国風土記稿』二百六十五巻（文政八年成る）、『新編相模国風土記稿』百二十五巻（天保十一年成る）、三島政行監修の『御府内備考』二百九十二巻（文政十二年成る）などである。これらは、いずれも一般史と同じく体裁の整備と分量の尨大と史料の博捜とを誇るに足るものであり、幕府の学問奨励と二百年の昌平がもたらした江戸時代文運の興隆をまのあたり示す事実であった。

3　水戸藩の『大日本史』

幕府にならって、諸藩でも修史事業がさかんに行われた。尾張の『神君年譜』、紀伊の『創業記考異』などについては、前にもちょっと触れたが、ここでは諸藩修史の代表的なものとして、水戸藩の『大日本史』について論じよう。この書は、藩とか、近世とかいうわくをこえて、日本の代表的な歴史として、考えなければならぬものである。

『大日本史』編修の動機は、正保二年（西紀一六四五）徳川光圀が十八歳のとき、『史記』の伯夷伝を読み、その高義をしたい、史筆によらなければ何をもって後人を感ぜしむることができようかというので、修史の志を起した、とふついわれている。これは正徳五年（西紀一七一五）彰考館総裁大井広が藩主綱条《つなえだ》（粛公）の名で記した大日本史叙に見えることで、この後の諸書はみなこれを踏襲している。しかし、これは水戸藩修史事業の開闢神話ともいうべきものであって、一時の伯夷伝の閲読だけが修史事業に、それほど緊密な、唯一の関連にあったかどうかは疑わしいと思う。ただ光圀に修史の志を起こさせた多くの素因の中の一つとして、これを数えることができるという程度であろう。

編修出版の経過

表面に現れた事象としては、明暦三年（西紀一六五七）光圀の三十歳のとき、史局を江戸駒込の別荘に開き、人見卜幽・辻了的らにはかって編修に着手したのをもって事業の開始とするほかはない。寛文十二年（西紀一六七二）になり、史局を小石川邸に移し、名づけて彰考館といった。その名は杜預の『左伝』の序「彰往考来」にとった。天和元年（西紀一六八一）には史料蒐集のために、吉弘元常・佐々宗淳《むねきよ》らに命じて奈良に行き遺書を捜索させた。このときに、多くの寺社の旧記を見、その徴するに足るものを抄して、集めて『南行雑録《なんこうざつろく》』と称した。このような史料採訪はこの後も度々続けられて、『西行《さいこう》雑録』（貞享二年）、『続南行雑録』（元禄二年）、『又続《ゆうぞく》南行雑録』（元禄五年）などの書ができた。天和三年（西紀一六八三）には安積覚《あさかさとる》（澹泊《たんぱく》）が史館に入った。この年にはまた編修を督するために、彰考館にはじめて総裁をおいた。そして事業は進んで、元禄十年（西紀一六九七）には、神武天皇より後小松天皇に至る百王本紀ができ、十二年には皇妃・皇女の伝ができたが、諸臣の伝は完成しない同十三年に光圀は薨じた。綱条がその遺志を体して編修を督励し、正徳五年（西紀一七一五）紀伝の脱稿を見た。『大日本史』の名もこの時に定められた。これについで志を修すること、続編を修することが企てられ、紀伝の論賛が安積澹泊によって撰ばれた。しかしこの後まもなく藩内の修史への情熱がうすらぎ、紀伝出版の企ては試みたが、実行されなかった。

寛政十一年（西紀一七九九）は光圀薨後百年にあたったが、このころ幕府に修史熱が再興したのに応ずるかのように、水戸でも修史への関心が高まり、総裁立原万のもとに藤田幽谷らが編修に与り、志表の編修に力を注ぐとともに、題号の変更、論賛の删除など、全般的な問題への再批判を行った。紀伝の印刷にも着手し、文化六年（西紀一八〇九）には刻本二十六巻を幕府に献じ、七年には朝廷にも献じた。これより史臣は志表の編修に努力し、最後に栗田寛博士の努力を得て、明治三十年（西紀一八九七）志表の原稿はほぼ完成した。これより先、志表は一部分ずつ編修のできるとともに上刻したが、明治三十九年（西紀一九〇六）になって志表の印刷は全く終り、ここに『大日本史』は内容形式ともに完成した。紀伝志表合せて三百九十七巻、目録五巻、計四百二巻、年をけみすること二百五十年であった。

『本朝通鑑』との関係

『大日本史』編修の事業について、あわせて考えるべきことは林家の『本朝通鑑』の編修である。まず時日の点で、光圀がはじめて史局を開いた明暦三年（西紀一六五七）は、江戸の大火のあった年であり、羅山の編した『本朝編年録』が江戸城で烏有に帰した年である。そして史局を小石川に移し彰考館と命名した寛文十二年（西紀一六七二）は、『本朝通鑑』が完成した二年の後である。この時日の関係から見ると、光圀の修史は林家の修史を意識し、それに対立する立場で始められたのではあるまいかと想像される。少くとも光圀の修史の動機の一つに、幕府の『本朝編年録』に対し、独自の立場からよりすぐれた歴史を編修しようという意図があったのではないか、またその事業を強く推し進めた原因の一つには、春斎等が幕府の力で続修した『本朝通鑑』に対する批判の精神があったのではないか、と私は考える。かの『通鑑』の太伯始祖説を光圀が論難したという説話は、このような批判精神の基盤の上に生じた説話であり、事実ではないが、精神はよく現しているものであろう。光圀が春斎にあい、『通鑑』編修の方針などについて、会談をしていることは、『国史館日録』に詳しく記されているが、その言外にくみとられることは、光圀の強い競争意識である。『本朝通鑑』という先行の書がなかったならば、『大日本史』があのような形ではあらわれなかったといっても、いい過ぎではあるまいと思う。

このような対立意識が進んで内容に及んだものとして、いわゆる『大日本史』の三大特筆が生まれた。三大特筆とは、神功皇后を本紀に立てず、后妃伝に列したこと、大友天皇の本紀を立てたこと、南朝を正統としたことである。いずれも光圀の意に出たもので、極言すれば光圀の修史の目的はこれらの点をはっきりさせることにあったともいえよう。

三大特筆

いま、三大特筆のおのおのについて批判をしよう。まず神功皇后を后妃伝に列したということは、今日から見れば当り前のことで、こんなことを特筆よばわりするのがおかしいようにも思われる。ただ、それまでの史書が、これをどう扱っていたかという歴史的事情を考えれば、そのことが了解できる。なぜならば、もともと『日本書紀』の書法があいまいであったのである。『書紀』は形式上は皇后と記し、即位とはせず、摂政としているが、実質的には皇后の摂政を六十九年もつづいたとし、摂政三年に誉田皇子即ち応神天皇を皇太子とすると記して、皇后の位置を天皇の位置に准ずるもののように記している。そこでこの後の史書は、この実質的な意義に重きをおいて、神功皇后を歴代皇位の一つに数えて、或は十五代としたり、或は神功天皇と称したのである。『本朝通鑑』も旧に従って一代と立て、しかも「本朝ノ女主ハ此ニ始マル」と注して、女主という称まで用いている。こういう扱い方からすれば、『大日本史』は、仲哀天皇の次に応神天皇を立て、皇后摂政の時代は応神天皇即位前紀として、年次も立てないで記しているから、名分はよく立ち、歴史の体裁としても整うのである。ただ、ことの真相は『書紀』のようなあいまいさの中からくみとられる所もあるので、あまりに名分にこだわると事実を抹殺する恐れもある。いずれにしても、この場合はもとが伝承で、事実自体があやしいのであるから、気ばって議論するほどのこともあるまい。皇后とある以上、后妃伝に列したのは、筋の通った処置であるといえよう。

第二の大友天皇の問題は、『書紀』に対しては真向から反対したものであり、『通鑑』に対しては、『通鑑』のなさんとしてなすことのできなかったものを実行したものである。この問題について、『書紀』の曲筆を疑い、舎人親王が父の為に筆を曲げたと見ることは、光圀の固い信念であった。かれが『日本書紀』を校訂して昌平坂大成殿文庫に奉納した本の奥書（元禄四年／西紀一六九一）には、

光圀此ノ書ヲ熟読スルコト尚シ。天武紀中ニ至リテ疑ナキコト能ハズ。蓋シ舎人、父ノタメニ隠スカ。（原漢文）

とある。そして、『修史始末』によれば、天和以前に人見卜幽の撰んだ本紀の中に、すでに大友本紀は立てられていたのである。これについての『通鑑』の書き方は、壬申の年を天智紀に附載し、大友皇子を正統の儲君とし、『書紀』の書き方には反対している。羅山は大友天皇を立てたかったのであるが、上覧の書であるからというので遠慮して、この程度にとどめたのである。光圀は、これをもっと推し進めて、天智天皇の崩後、近江朝廷の主なかるべからず、『水鏡』・『立坊次第』には大友皇子の即位を記しているから、それに従わざるべからず、として大友本紀を立てたのである。

そこには事の成敗よりも義の正邪によって史実を判定しようという意志が過大にはたらき過ぎている嫌がある。また一方では、舎人親王の修史の態度が偏狭な名分論にわずらわされ、大友皇子が事実即位したのに、それを抹殺すればそれだけ天武天皇の立場は有利になる。したがってそれを抹殺することは子としてなすべきことであるというような、ずいぶん疑わしい推測を前提として議論をしているとも云えよう。いずれにしても、この考証にはとうてい及第点を与えることはできない。『水鏡』・『立坊次第』のような薄弱な史料で大友皇子の即位をみとめては、史学研究法は泣くであろう。この一事は、形式的な名分論にこだわって史実の考証を誤ったものであるといわねばならぬ。

第三の南朝を正統に立てたことは、史実の考証については問題がない。問題はただ名分論である。光圀はこれについても早くから不動の信念をもっていたらしく、安積澹泊が打越樸《うちこえぼく》斎《さい》に答えた手簡によると、澹泊がはじめて史館に入ったとき、示された紀伝は北朝五主を列伝に降していたという。澹泊は初めはその可否を反省するに及ばなかったが、一、二年の後静に考えるに、中国ではこのような書法もよかろうが、日本のように皇統が一姓相承している所では、たとえ北朝でも、今の天子の祖宗を降して列伝に入れるのは穏かでないと建言して、ついに五主を後小松天皇紀の首に帯書することができたという。さて澹泊らが南朝を正統に立てた論拠は神器の所在である。この場合神器はたんなる物質ではない。神器はおのずから義の正しい所に帰するのであり、正統の象徴である。それならば、なぜ神器は正しい所に帰するのかと問われると、神器は霊物であるからである。霊妙不思議の徳をそなえているからである、という。ところが、こうなると、もはや論理を絶した境地である。論理としては、神器の所在と、正統と判断するところとが一致するという事実の上に、この論は成立するのである。だから正統論の根拠としての神器所在論は表面のものであって、真実の理由はそれとは別の史的理解の中にある。このことを分析しないで、ただ神器の所在だけを表面に打出した正統論は、今日から見れば不完全といわねばなるまい。

『通鑑』も南北朝の問題については頭をなやましたのである。そして、後醍醐天皇には譲位の意志がなかったという理由で、天皇一代はこれを正統とみとめている。ところが後村上天皇からは都鄙の弁がなければならぬということと、北朝の皇統は今日に伝えているという理由で、北朝を正統と認めている。これは論理の一貫性を欠いた判断であるが、しかし当時の皇統が北朝に出ているということは、案外に強くこうした判断に影響している事実を、われわれは注意しなければならぬ。『国史館日録』にも、春斎は光圀に問われて、光厳院・光明院の即位は賊臣の意に出ているけれど、みだりにこの書でいまの帝王の祖を僭であり、南朝が正であるとしたならば、朝議はこれをどう見るかわからない。公命をこうむらなければ私議しがたい所である、と答えている。春斎らは南朝の正統を頭から否定するものではないが、幕府編修の歴史としてはいまの皇統の祖を僭とするような書法は取れないとしたのである。

水戸藩では、幕府よりは自由な気持でこの点を勇敢におしきって、南朝正統論を徹底させたのであるが、やはり気がかりではあったので、享保十七年（西紀一七三二）安積澹泊は、光圀の本意は決して私意をもって南北朝をとやかくいうのではない、天朝を尊ぶの意に外ならないという弁明書を書いて、大納言坊城俊清に送っている。

史体

以上で三大特筆のことを終り、次に史体について考えよう。史体は、これまでの歴史と異り、紀伝体を採用した。これは光圀が『史記』の伯夷伝を読んで感激したということと関連し、『史記』に倣おうという精神によったものと思われるし、また一つには『通鑑』の編年体に対してかわった史体を用いるという意味もなかったとはいわれまい。その紀伝体の立て方は、中国の史書にならっている所の多いのはもとよりだが、中には独自の意見で新しい風を開いた所もある。列伝に、将軍列伝・将軍家族列伝・将軍家臣列伝などを設けたのは、日本における将軍の特殊な地位性格にもとづいて立てられた独自の体であり、文学列伝のほかに歌人列伝を設けているのもそうである。志は、神祇・氏族・職官・国郡・食貨・礼楽・兵・刑法・陰陽・仏事の十であり、この項目の立て方も、中国代々の正史を参考し、日本独自の工夫を加えたものである。この分類やその順序は、深い考究の上にきめられたもので、そのことは、神祇志の初に、志の総叙をおいて、説明せられている。各志にはそれぞれの小序もあるが、このように志全体の総叙を書いているのは、『大日本史』の特色で、志に重きをおいた事情がうかがわれる。

表は、臣連二造表・公卿表・国郡司表・蔵人検非違使表・将軍属僚表の五篇から成る。これは『漢書』の百官公卿表などにならったものであろうが、中央地方の要職を網羅した点はかれより完備している。紀伝の編修は、比較的早くできたが、この志表の編修は難事であって、いくたの曲折があり、明治に入ってようやく完成したのである。けだし志は文化史的な性格をもつものであって、史書としては新しい境地の開拓をいみしたから、その苦心が大きかったのである。

次に論賛である。論賛は光圀の在世中には作られず、その歿後綱条が安積澹泊に命じて作らせた。澹泊は、各紀伝について論賛を作り、これを紀伝の後につけた。ところが、享和三年(西紀一八〇三)藩主治保《はるもり》は、論賛を削る意を起こし、高橋広備はこれに賛成したが、実行するには至らなかった。削るという理由は、中国のように王朝の変る国では前代の得失を論ずるのもよいが、日本のように百王一姓の所では、臣子として祖宗の得失を論ずることになって穏かでないこと、論賛は一人の私見をもって天下の公論を定める嫌がある。『春秋』は事を直書するだけで、一語の論賛も加えない。善悪得失は観者の意にまかせるのがよいこと、光圀は論賛について特別の命を下していない。だからこれらの論賛は悉く光圀の意を体しているかどうかを知ることができない。これを光圀撰の書に加えるのは不可であること、などであった。削除説に対し、反対意見もあった。その根拠は、いわゆる三大特筆は光圀の見識であるが、その義は論賛の中に見えるだけである。いまこれを削れば、光圀の本志は湮滅するというのであった。

文化六年（西紀一八〇九）治紀《はるとし》の時、再びこれを議し、紀伝はすでに再訂して旧稿と大分趣をかえた。いま旧稿の論賛をもって、新しい紀伝に加えるのは不可であるという、技術的な理由で削除のことを決定した。論賛の可否は、立場によっていかようにも論ぜられるが、読物としては論賛のある方がおもしろい。けれども、論賛をすべての紀伝につけるために、中にはしいて議論をもてあそぶ嫌もあり、傍例を中国の歴史に取ることが多いので、かならずしも我が歴史にあわず、いたずらに澹泊の文章の展覧たるにとどまるものもある。

史　料

『大日本史』が史学史の上にもつ一つの大きな功績は、史料の蒐集・吟味に、これまでにない努力を試みたことである。史料の蒐集には、史臣を全国に派遣して、記録はもとより一紙半紙の文書も役に立つものは探すという主義であった。文書については、真偽の鑑定を厳重に行った。文書の鑑別のためには丸山可澄《よしずみ》に花押の研究を命じ、その結果は『花押藪《かおうそう》』・『続花押藪』となって現れた。書籍に対しては、校訂を綿密に行った。六国史の校訂は光圀みずから行い、『太平記』などの軍記物語の校訂は史臣に行わせた。『参考太平記』・『参考保元物語』・『参考平治物語』・『参考源平盛衰記』などは、その校訂の産物である。いずれも、知られた限りの多くの異本を参照して、本文の異同を注したものである。

史料を重んずる精神は、本文の間に出典の史料の名を一々注するという形となって現れた。これは中国の史書にも例がなく、『本朝通鑑』も試みなかったもので、『大日本史』の独創であり、この書の学問的価値を高くするものである。

書名

次に『大日本史』という書名である。初め書名は定まっていなかった。あるいは『史記』といい、あるいは『国史』といい、あるいは『紀伝』と称した。綱条のときに命名の議が起こって、『大日本史』と『皇朝新史』との二つの候補が出たが、『大日本史』が採用された。しかし、これについては反対論があった。それは、光圀が書名を定めなかったのは、紀伝志表が完成して後これを朝廷に奏し、朝廷より題名を給わろうとしたからであるというのである。綱条は、反対論をおさえて『大日本史』の名を定めたが、治保の時この問題は再燃した。それは編修藤田幽谷が『大日本史』の号の四不可を唱えたからである。四不可とは、大日本の名は、日本の国号としての正しい名称ではない。歴史の書名として国号に大を加えた例はない㈠。日本という国号を史書の名に冠するのは、天子の命を奉じて修めた書であって、一家の私書に冠するのは妥当でない㈡。易姓革命の国では、史書に国号を冠しても、日本のような一姓相承の国では国号を冠する必要はない。『日本書紀』以来日本を冠したのは深く考えないことの過ちである㈢。光圀の本意は全篇完成の後、朝廷に奏上して題名を請うつもりであった。だからいま後世のものが俄に名を定めることは、光圀を誣《し》いるものである㈣というのである。そして『大日本史』の号をやめ、『史稿』と名づけるべきである、とした。享和三年（西紀一八〇三）この意見が採用せられて、『史稿』と改名された。しかし、これも落ちつかなかったものと見え、文化六年（西紀一八〇九）論賛の削除を決定したとき、改めて題号の勅許をうけることとし、関白鷹司政熙《まさひろ》により『大日本史』の号についての指揮を仰いだところ、旧により『大日本史』と称してよいとの勅許を伝えられ、これより正式の書名と確認されたのである。

また、記載の時代の範囲についても問題があった。一おう後小松天皇の明徳三年（元中九年／西紀一三九二）をもって擱筆したのは、皇統の正閏《せいじゅん》を正そうとする趣意は、この南北朝合一の年で終ることで達成せられると見たからであろう。また光圀は春斎に、歴史を書くのは近代の事は憚りがある。百年前のところで終えるがよいと云ったことが『国史館日録』に見えるから、かれは、もともと近代の歴史を編むことには不賛成でもあったのである。しかし、明徳以後も多少範囲を広めようという考えを光圀ももったことがあるらしい。後小松天皇以後も材料をとるべきことを史臣に命じたことがある。この後、宝永から正徳・享保にかけて、また続篇編修の議が起こった。これは江戸彰考館の総裁であった酒泉弘や佐治毘などの唱えた所で、紀伝編修の終った今後に成すべきことは、十志の編修と続篇の編修であるとし、享保元年（西紀一七一六）には綱条の命として続篇編修の事が令せられた。後年、藤田幽谷はこれを非難し、志の編修こそ光圀の意を継ぐものであるのに、それを措いて続篇とは何事ぞ、と反対した。元文二年（西紀一七三七）総裁打越樸斎は続篇の禁止を請い、これより続篇編修の事は全くやんだ。

以上『大日本史』についての主要な問題を述べたが、まだ問題は限りなく多い。最後に『大日本史』に象徴された水戸藩の史学の特色を簡明に示した一事をのべよう。それは寛政元年（西紀一七八九）塙保己一が史館に招かれて紀伝の校正に当ったときのことである。保己一は、紀伝の事実や年月の誤謬を指摘し、遂に建議して、各条に注せられた出典をみな今一度原典に当って誤謬を訂正しようと云った。そして、その結果ずいぶん訂正される所があったというのである。藤田幽谷はこれを評して、史の得失は体裁如何にある。博考精選はもとより結構だが、しかし瑣々たる異同は何ぞよく究めるに足ろう。塙の議は、髪を算《かぞ》えて櫛けづり、米を数えて炊《かし》ぐ類だ、といっている。この言葉は水戸史学の性格をよくあらわしている。事実よりは名分を重んじ、考証の精緻よりは、体裁の整斉を重んずる史学である。名分を重んずることも大事であるが、それを事実の認識より優位におくときは史学の生命は失われる。瑣々たる事実の考証はつまらないようだが、これをつまらないとする精神は大切な事実の認識をおろそかにする精神に通ずるものがある。近代の精緻な史学から見れば、この点で大きな欠点をもつものであった。

4　初期の儒学者の業績

公的な修史事業についての概観を終えたから、ここに著名な学者の業績に説明を加えて、この時代の史学の状態をうかがうこととしよう。

林羅山

第一に挙げねばならぬ人は、林羅山である。かれは『本朝編年録』や『寛永諸家系図伝』の編修を主宰したが、個人としてもその業績についてぜひとも論じなければならぬ人である。近世の歴史学発展の端緒はこの人によって開かれたのであり、近世の歴史学を特徴づけたいろいろの要素は、この人の歴史学の中に現れているからである。

かれは、七十五年の生涯の間、寸分の隙もない充実しきった学問的生活を送ったが、それはまず比類ない旺盛な読書力で象徴された。当時書物の入手は困難であったが、二十二歳までに経史子集から和書・仏書に及ぶ四百四十余部の書物を披閲した。五十八歳の時には門生を戒めて、吾れ老衰すと雖も、書を読みていまだ倦まず、今春より歳末に至るまで読む所ほとんど七百冊、汝が輩これを勉めよと云っている。七十四歳のとき、自分は少壮より歴代の始末を知り、数千万巻を渉猟したが、二十一史の全部について巻首から巻尾まで朱を加える遑《いとま》はなかった。今後三年の命を保たば、この全部に朱を加えたいといい、翌年明暦の大火にあって避難するとき、輿の中に携えたものは読みさしの『梁書』一冊であった。この後数日で歿したから、死のまぎわまで書を離さなかったのである。

この盛んな読書と多方面の学殖とは、実にかれの学問を支えた重要な基礎であった。歴史についていえば、二十一史・『通鑑』を根幹とする中国の歴史の知識と、六国史以下軍記物語に及ぶ広い日本史の知識との比較綜合の上に、その歴史学を構成することができた。一方またかれは作文にも非常の才を示した。巨篇長韻たちどころに成るという堪能さであった。その編著書は百四十七部に及び、種類は読書目のように広い。

かれの歴史思想として、まずいかなる態度で歴史書を読んだかを、簡明に示す、次のようなかれの文をとりあげよう（『文集』巻七十随筆六）。

史漢ヲ読マバ、宜シク君臣ノ得失、治乱興亡ヲ監ミルベシ。又宜シク文法ヲ学ブベシ。通鑒《つがん》ノ類モマタ然リ。（原漢文）

かれは君臣の得失や治乱興亡のあとを知るために史書を読んだのである。人物の言行、政治のうつり行きなどから帰納される政治の鑑戒といういみに、歴史の効用をみとめるのである。支配者としての為政の要具、また人生に処するかがみとして、これを見るのである。しかしこの考は珍しいものではない。中国から伝えられ、わが六国史を支えた史観でもあり、ずっと続いて羅山にも伝わったものである。この点においては、かれの歴史観は古来のそれと格別かわりはないのである。

つぎに『史漢』を読んで文法を学ぶべしというのは、歴史書を読む効用のいま一つを文章の法を学ぶことに認めるものであるが、これも古代からの学問の伝統を引くものである。昔の紀伝道は、歴史を読んで文章を学んだものであり、歴史と文章とは不可分に考えられた。この点でも、かれの史書に対する態度は古代の継承であるといえよう。

以上のような伝統史観の継承の上に、かれの打出した新しい態度は、合理主義的態度である。もっとも、それが表面的であって徹底したものとはいえないが、ともかく伝説的な史実に対して疑をいだき、合理的に解釈をしようとした試みが、熱心に行われた。『文集』巻六十三雑著に見える菅丞相誕生考は、道真の誕生に関する伝説を仏徒の口から出た附会とするものであり、紀名虎卒年考は、名虎の『続後紀』に見える歿年から、惟喬・惟仁の皇位争いに名虎と善雄とが角力《すもう》をしたという俗説を否認したものであるたぐいである。これらは信ずべき史料によって伝説的な史書の記事を否定したものであって、素朴な考証であるけれど、合理主義的研究の先駆者としてのいみを認めなければならぬ。

いま一つ、かれは比較的方法をとった。日本の史実を常に中国の同様な史実と比較してその意義を考え、価値を批判した。またこの精神をおし弘めて、日本史の一端を外国の史料によって明らかにしようという試みもとり上げた。かれの著書目録の中に、『日本考』四巻があり、本朝事跡の中華の書に見えたものを標出すといい、『朝鮮考』一巻もあり、これは日本の事跡の朝鮮の書に見えたものを標出すると説明されているのによると、後年松下見林が著した『異称日本伝』の先蹤は、すでに羅山によって開かれたのである。

合理主義的解釈と比較的方法は、かれの史学の進歩的な面であるが、一面保守的な面もあった。その一つは尚古史観である。これは一つには『日本書紀』などの古典の価値を高く認めたこととも関連する。仁徳天皇を我が朝の賢君とし、下延天の時を見れば仁徳の風いずこにあるかと、延喜天暦時代と比較していることや、日本《やまと》武尊《たけるのみこと》の東征や神功皇后の西征を本朝の義戦とし、その余は如何と、義戦は外にないように云っていることなどは、理想の時を古代におく尚古史観といわねばならぬ。

いま一つは神道への深い関心である。かれは当時世に行われた神道思想や行事に対し批判を加えたが、別に一種の神儒習合である神道説をとなえた。そして我が国は神国である。神道は王道である。王道一変して神道に至り、神道一変して儒道に至るという、王・神・儒三道の関連を結論した。このような神道説を説く所では、かれの合理主義的精神は光を失い、中世以来の神秘主義的傾向に強く影響されていることを認めざるを得ない。このような尚古史観や神道説は、後に国学を興起させた思想の系譜の祖になるものであり、やはり羅山の先駆者的意義を評価すべきである。

神道思想に関連して、かれの仏教に対する反感・排撃は顕著であった。かれの歴史事実に対する批判には、この仏教排撃の根本態度から出たものが多い。仏教によって王道はすたれ、神道は衰えたと見るのであって、それは当時世に行われた神仏習合から神道の純粋性を恢復しようとする精神に出たものであるが、みずからは儒教によって神道の純粋性をそこなっていたのである。

要するに、羅山は博大な学識をもって、日本歴史の研究に新しい方法を導入し、新しい分野を開いたが、ただその広さに比し深さは十分でなかった。新時代にふさわしい新学問の開拓者としての意義を担った人であった。

山鹿素行

羅山の史学は最もよくその子春斎にうけつがれたが、春斎とほぼ同時代に生れ、羅山に学んで、独自の史学を打樹てた人に山鹿素行がある。かれの学問で目立つことは百科全書的な博さであり、その点は師羅山と同じく、啓蒙期学者の特色をそなえたのである。ただ羅山と異る点をあげると、かれは兵学への造詣が深かった。このことは、かれの時代が羅山の時代より、兵を実地に用いるときからへだたり、平和の時代に入ったので、兵についての知的探究がより盛んに行われる素地が熟したこと、武士の嗜みが知的活動に移ったことなどにもよるが、同時にかれみずからが武士であり、武士としての誇りを高くもっていたということにもよるのである。

羅山と異るいま一つの点は、かれの学問が時代とともに移りかわったことである。その変遷には二つの系統がある。一つは程朱の学から古学への変遷である。一つは中国の事物の尊重から日本の事物の尊重への推移である。そして、この儒学における古学の提唱と、中国に対する日本の優位の主張とは、ならんで存在したのである。前者の否定の上に後者が立てられたのではない。前者の原理の最も適切な実現のあとを後者に見たのであり、両者は体と用との関係で、相まってかれの学問体系を形づくったのである。

かれの歴史に対する考え方は、『山鹿語類』第三十五史類の中に見える。ここで述べている重要な意見は、史の事実を重んじて批判を嫌っていることである。史官はただ当世の事を記せばよい。已の意見をもって評議増減するとき、それは臆説となる。後の儒者の史を記す弊はそこにあるという。かれは、史の意義を事実を正確に書くことにありとし、評論は行う必要がないとしたのである。事実の正しさを求めることは、近世の歴史学の一つの特色であり、かれの意見はよくそれを代表したのである。かれが事実を重んじたことは、その歴史上の著作が『中朝事実』・『武家事紀』と、みな事を題名に入れていることからも察せられよう。

しからば、その事実はいかなるものを選択するか。「史法を論ず」という題で、かれの述べる所は、史にのせるものは、国の興亡、世の治乱、帝王将相の賢否、后妃世子の廃立、土地の分併、制度の沿革、災祥の人事に験あるもの、行事の善くして法とすべく、悪しくして戒となすべきものである、という。別の言葉で、君道・臣道・民政・地制・定法・時勢・災祥、器物の用、天下の大義大用ともいっている。このような事実は、古来の歴史とくに六国史などのあげたものと同じであって、とり立てて新しい所はない。ただ、それを実地に現した著書において見ると、彼なりの特色がうかがわれる。

『中朝事実』は寛文九年（西紀一六六九）かれ四十八歳のときの著述である。中朝というのは、当時一般に行われた用法とちがって日本のことをさすのであり、日本のことを中国とする、いわゆる日本的自覚を宣言したものである。内容は、日本の風土が万国にすぐれ、人物も世界に秀で、皇室の一統、文物・武徳とも天地に比すべきものであるという見地から、皇統の歴史を述べたものである。その扱った時代は、もっぱら仁徳天皇までである。その理由は、三韓来服ののちは、外国の典籍が渡って来たので、嘉言善行もそれにならった嫌がある。まして仏教伝来の後は、神聖の道も不純になったというにある。これは歴史の真実を求めるのに、後世の潤色をすて、古典の根元にさかのぼろうとする、かれの学問の方法論によるものであるが、残念ながら『日本書紀』その他の古典の記事に絶対の信をおくことを前提としているので、史書としての成果は、こんにちではみとめることができない。

『武家事紀』は延宝元年（西紀一六七三）素行五十二歳のときにできた。五十八巻に及ぶ大部の書であって、皇統要略・武統要略・武朝年譜等から、足利将軍以下武将の譜伝、戦記・古案・地理、武家の礼式・故実までを記した武家百科全書である。その中、歴史に深い関係のあるものは、皇統・武統の要略である。皇統要略では神武以来後小松天皇ころまでの皇室中心の政治史を叙し、武統要略では平清盛よりはじめて武家の繁昌を説き、以下武家政治史を足利将軍まで述べている。そこに一貫する精神は、日本歴史における武家出現の必然性であり、また必要性である。日本は神勅によって天皇の統治する国であるが、朝廷の知徳が衰えて政道が正しくなくなると、武臣がこれをうけて天下を安んずる。武臣は決して上をなみして、政を私するものではない。君君たらずとも臣は臣道を守るというのが、わが武臣の行いである、という。これは徹底した武家本位の歴史観である。したがって頼朝・泰時・尊氏らの事績をも支持するのである。

かれは、中国に対して、日本の優位を説き、日本中心の思想を宣揚した点で、羅山の史学よりも日本的に純化したものになっているが、公武の関係については武家擁護の立場を固くとり、公武の共存を説くことでは羅山と同じである。歴史観は、その人の身分や地位によって制約されるということの、よい実例を示したものといえよう。

山崎闇斎

次に同じ時代に出た山崎闇斎の学問も、その独特の学説と後世への影響の大きさとによって無視することはできない。かれの学問は儒学から神道に発展した所に特色があり、朱子の知・行・敬をもって学問研究の道とし、これを日本人としての立場に移して、国の大義を知り、それを実行することを窮極の目的とした。かれの神道説は、当時存在したあらゆる神道説を集成したものであって、寛文十一年（西紀一六七一）吉川惟足から与えられた垂加霊社の名をとって垂加神道ととなえる。ただしその神道説は、こんにちから見るに附会雑駁をきわめ、理解し難い所が多い。ただその強烈な大義名分思想と日本中心の思想とは、その教育法の厳格さと相まって、門弟に大きな影響を与えた。門弟は六千人という驚くべき多数であった。著述にまとまったものは少く、歿後門人が遺文を収録した『垂加文集』・『垂加草』などがある。

かれの歴史における仕事としては、神代以来の日本の通史を編修しようとしたことである。かれは、その書の題名を『倭鑑』と名づけ、執筆に苦心すること二十余年であったが、完成を見ないで歿した。『山崎家譜』に、明暦三年春正月（時に四十歳）『倭鑑』の筆を起こさんとして、人日（正月七日）藤森社に参って詩を作ったとある。藤森社は舎人親王を祭る神社である。かれは『日本書紀』を尊び、万代の達書とあがめたので、親王を厚く尊崇した。歴史編修の事業を始めるに当って、まず親王に詣でたのであって、その心構えのほどが察せられる。これから、常に『倭鑑』編修に心を労していたことは、詩文の中にほの見えるが、ついに完成できなかったのである。ただし『垂加草』の附録には『倭鑑』の目録がのせてあるので、かれの構想は知ることができる。それは、天皇の一代を一巻として全八十七巻、後村上天皇で終っている。第一巻だけは、天地人の三部に分け、天神紀・地神紀・神武紀とする。以後は一代一巻であるが、女帝と北朝の天子は一巻とせず、前代に附出とする。女帝を附出としたのは、宋の范祖禹《はんそう》の『唐鑑』や朱子の『通鑑綱目』で、則天武后を一代とせず、中宗の治世に附けた書法にならったものかも知れないが、それは神功皇后にはあてはまっても、正しい譲をうけた女帝にはあてはまらない。正統論の形にとらわれて、日本の実情を無視したものである。つぎに北朝を附出としたのは、南朝正統の立場を表明したものである。そして擱筆のときを明徳三年の三種の神器入洛と記していることによると、南北朝合一で終とするつもりであったらしく、その点では、『大日本史』のりっぱな先蹤であった。

なお『倭鑑』という名は『唐鑑』にならったものであろうが、あまり名誉でもない倭の文字を平気で用いているのは、山鹿素行ほどに文字の感覚が鋭くなかったといえるようである。

ともかく、かれは名分観念を正しくあらわした歴史を作ろうとして、実現できなかったが、その精神は水戸の『大日本史』で実現されたのである。『大日本史』は、精神においてこれを継承したというだけでなく、具体的な事実として闇斎の門人が多数水戸の史局に入ったということで、闇斎の思想が水戸に持込まれたのである。

栗山潜鋒

闇斎門から出て、水戸藩に入り、『大日本史』の編修にあずかったおもな人々に、鵜飼錬斎・栗山潜鋒《せんぽう》・三宅観瀾《かんらん》・打越樸斎がある。四人はいずれも彰考館の総裁であったが、中にも傑出した者を、潜鋒と観瀾とする。潜鋒は、後西天皇の皇子八条宮尚仁親王の侍読となり、親王の為に、保元から建久に至る三十八年の歴史として、『保建大記』を著して上った。この書には元禄二年（西紀一六八九）六月七日の序文があるから、かれ十九歳のときの著作である。かれは保元から建久に至る間を日本歴史上の重大な転機と見た。それは保元の乱が皇室内の父子の私情の争から起り、建久に幕府の基礎が定まったことをもって、全く皇室がみずからの徳を失ったために、皇家の衰頽を招いたものと見たからである。一書を貫く精神は強い道徳史観であり、帝王の鑑戒としての歴史である。三宅観瀾のこの書の序文には、この書が体を『唐鑑』に擬し、旨を『通鑑綱目』に取ったとあるが、正しくこの二書の精神をうけて、鋭い名分論・道徳論を展開したものである。またかれは三種の神器に絶対の権威をおき、いかに世は移っても、神器の権威はかわらない。神器の所在こそ常に正統のある所であり、国家権力の源泉であると考えた。そこで保元の乱の順逆は、神器を擁する後白河天皇が正しい。寿永に神器がないのに後鳥羽天皇が践祚したのは神器をなみするものであり、後醍醐天皇が偽器を作って尊氏に与えたのは、神器をまぎらわしくするものであって、共に大きな過ちである。寿永の宝剣の沈没や南北朝の紛乱は、こうした人事の過失にもとづいて、天の下した災であるというのである。

三宅観瀾

この神器論は、この書の講義をした谷秦山《じんざん》の『保建大記打聞』などでは、口を極めて賞讃した所であって、『大日本史』の南朝正統論の根拠ともなったものである。しかし一面では、この行過ぎた神器論に反対する人もあった。三宅観瀾はその一人である。観瀾は、『保建大記』の序を書いて、この書を推賞しているが、神器論については賛成しなかった。かれは南北朝の歴史にくわしく、その著書の『中興鑑言』は建武中興についての評論である。中興の失敗を天皇の失徳に帰すること、正閏の判断を神器におかず、義におくべしとすることなどは、その論の特色であり、また南朝正統論の一つの立場を示すのである。

5　新井白石

近世史学史と白石

新井白石は、近世史学史における最高峰であり、げんみつな意味での歴史学はかれに始まるとさえいわれる。まことに研究態度における合理性の追究や、史実に対する批判的精神や、実証的方法の活用などは、近代史学の精神に通ずるものがあり、かれの業績に画期的な意義をみとめることは誤ではない。ただ、かれの業績を過大視して、それを突如として出現した彗星のように見ることは正しくない。かれもやはり時代の子であり、その生存した江戸時代中期の社会や思想の制約を多分にうけるところがあった。そして、その合理性も批判性も実証性も、すでにかれ以前の学者によって、ある程度まではとり上げられたものであって、ただかれはそれらをあわせて強く推進したものに外ならない。そして、進歩的な新しい態度の見られる一面には、保守的な現状維持的な思想もかなり力強くその底に働いていることを見のがすことができない。

白石は武士の出身であるが、牢人生活を重ね、窮迫のうちに勉学した。元禄六年（西紀一六九三）かれ三十七歳で、甲府の徳川綱豊に仕え、主に進講をして君徳の涵養に資することを、その勤めとした。かれは全力を傾けて進講を行い、それは元禄六年から綱豊の歿した正徳二年（西紀一七一二）まで十九年の間、一年もかかさなかった。綱豊は宝永元年（西紀一七〇四）五代将軍綱吉の継嗣となり、家宣と改名して、江戸城の西丸に移り、かれも御家人の列に入った。宝永六年（西紀一七〇九）家宣が将軍となってからは、かれは本務たる経史の進講のほかに、政治の最高顧問として、諮問に応じて政務の建策をした。しかし、この間に進講の副産物として、または将軍の下命をうけて、『藩翰譜』・『古史通』・『読史余論』等の名著をあらわした。家宣とその子家継が在職わずかでなくなり、紀州家から吉宗が入って将軍となると、白石はその他位を追われて逼塞した。これから政治的に失意の時代となるが、学問的にはいよいよ磨きがかかり、多くの論著をあらわした。閑居十年、享保十年（西紀一七二五）六十九歳で歿した。

かれの学問は儒学を本として、多方面にひろがった。地域的には漢学から国学にわたり、洋学の一端にも触れたと云えるし、学問の分野としては、歴史学・地理学・政治学・経済学・言語学・文献学などに及んだ。中でも歴史学の業績がもっとも多く、歴史固有の研究のほかに、すべての学問研究で歴史的な研究を重んじたことが注意せられる。

『藩翰譜』

歴史上の著書のおもなものを、ほぼ時代順にとり上げると、『藩翰譜』である。家宣が綱豊として甲府にいた頃、白石に命じて作らせたもので、元禄十五年（西紀一七〇二）の著である。書名は綱豊がえらんだもので、藩翰とは藩屛《はんぺい》のいみで、諸大名のことをむずかしく云ったものである。内容は万石以上の大名の家譜であるが、その大名は慶長五年（西紀一六〇〇〇）から延宝八年（西紀一六八〇）までの八十一年間に現在した家にかぎられている。慶長五年を起点としたのは、この時関が原の役で天命が改まったと見るからであり、延宝八年で終るのは前代（四代将軍）の終で、これは旧史の例であるといっている。

そこで、この書は徳川幕府初政における大名の鳥瞰図であり、戸籍調べである。その戸籍は八十年間における幕府への奉公忠勤の厚薄に重きをおいて書かれているので、一種の功過簿でもある。綱豊は初は漠然とした興味からこれを命じたのであろうが、かれが将軍となって諸大名を統御する位置についてからは、政治上の必須の参考書として、これを用いたらしい。室鳩巣《むろきゆうそう》の、この書の序文にも、家宣は深くこれを愛し、常に座右におき、国政の廃挙黜陟《はいきよちゆっちょく》は必ずこれに考えたと記されている。

本文は系図と伝とから成り、各家の初に系図をのせていたが、後の写本にはその系図を省いて別冊としたものが多い。系図は、これまでの系図で利用できるものはすべて利用し、国史・伝記などと参考して、正しいものに従っている。伝の部分も事実の考証には苦心しており、凡例に「一事も徴なくして敢て自らの説は作らず、疑をかきし所もつとも少からず」とあって、実証的態度をのべている。けれど、独力で、しかも一年ちょっとの間でなされたこの書には、おのずから能力の限界があって、考証の完全さを求めることはむりである。また家光将軍の孫として、綱吉の継嗣と目された綱豊に対し、徳川政権の正当性や諸侯統御の必然性を知らせる意図をもって書かれたものであるから、おのずから一つの傾向があり、その傾向のもとに史実が取上げられ、解釈がなされていることも否みがたい。家康の行為や人物を神聖視し、関が原・大坂などでの徳川氏への忠勤を名誉とすることは、江戸時代武家の一般的な通念であるが、この書もその傾向から脱してはいない。実証的な態度もこの前提の枠の中でとられているのである。

この書についての、一つの長所は表現の美しさである。それは流暢な国文体で書かれ、気品の高い軍記物語を読む感がする。文章が本書の価値を高くしている所は大きい。

また、本書は、もと綱豊に上られたものであるが、白石は晩年閑居のとき、本書の文辞を修正し、序文を室鳩巣に求めた。これより広く世に行われ、諸大名でこれを蔵しないものはなかったという。

『読史余論』

次に『読史余論』である。この書は正徳二年（西紀一七一二）春夏の間、家宣に古今の治乱沿革を進講したときの草本である。のちに門人たちが写して、広く世に行われるようになった。

三巻より成り、第一巻には天下の大勢の九変観・五変観の総論と九変観の各論があり、第二第三巻に五変観の各論がある。九変観とは、公家政権衰退の歴史を、九つの時代にわけて考察したもので、清和天皇が幼少で即位し、良房が摂政したのが外戚専権の始で第一変、陽成天皇の廃位、基経の関白が二変、冷泉天皇以後八代が外戚専権の世で三変、後三条・白河天皇は天皇親政で四変、堀河天皇以後九代は上皇の政治で五変、後鳥羽天皇以後三代は鎌倉将軍が兵馬の権を握った時代で六変、後堀河天皇から光厳天皇まで十二代は北条氏が陪臣で国命をとった時代で七変、後醍醐天皇の重祚《ちょうそ》、公家一統の政治三年が八変、南北朝に分かれて天下武家の世となったことが九変というのである。五変観とは、武家政権発展の過程を五つの段階にわけたもので、鎌倉の源氏将軍の時代が一変、義時以来北条執権の時代が二変、後醍醐天皇から足利将軍の世が三変、信長・秀吉の時代が四変、徳川の世となって五変というのである。ここに変というのは、変化の瞬間とか、変化の原因たる事件とかではなく、時間的長さをもった時代をさしている。ただしその長短はまちまちで、公家の八変はわずかに三年、武家の三変は二百三十八年にも及んでいる。

以上の時代観は、立場を公武両政権の隆替という点だけにしぼっているが、明らかに日本歴史に試みた時代区分であって、『愚管抄』に見えたものを、日本歴史の最初の時代区分とすれば、これは第二に位する。そして、『愚管抄』のよりもはるかに客観性をもち、われわれにも十分納得できるものである。とくに公家政権衰退の初を良房の摂政に求めたこと、公家の衰退と武家の興隆とを同時に並行する事象と見て、両方の時代区分をある時期には重複させていることなど、非凡な考えとしてよい。

各時代の説明については、初に事実の推移を記した綱文のようなものをおき、次にそれに関する挿話・逸事の類を諸文献を引いて加え、次に評論を加えている。事実の記載については、根拠となる史料の吟味にはそれほど意を用いていない。平安時代では、『古事談』を用いることがあまりにも多く、また全体に『神皇正統記』の引用があり、それは引用と明記しないで自分の文章のように記している部分にもある。

史料に深い注意を施したものではないが、かれが史書の潤色をみとめていたことは随所にほの見えている。『日本書紀』には、後代史官の潤色があるとか、『平家物語』・『源平盛衰記』は頼朝をよいように書いているとか、『梅松論』は尊氏の非を飾っているとか、いうたぐいである。ただ事実のせんさくはこの書の本領ではないので、その意見を深く発展させることはしなかったのである。

本書の主眼は評論の部分にある。ここでかれは縦横に世の推移を論じて、その因って来る所を考え、人物の心理を解剖し、行動を批判している。それは辛辣な批判であり、容赦ない糾弾である。もとより大目的は、徳川政権の正当性、したがって武家政権の由来の正当性を論証し、家宣の国政処理の戒めにするわけであるから、家康の行為は無条件に神聖視せられる。また武士の功績をたたえて、中世以来の争乱に義を思い力をつくしたのはただ武人だけである。世がおだやかになれば、高い位にいて武人を奴僕雑人《ぬぼくぞうにん》のように思い、世が乱れれば捧首鼠竄《ほうしゅそざん》して一人も身をすて忠をつくす者のないのは、公家と僧徒である。天道は天に代って功を立てる人にむくいる理であるから、武家が世をおさめるようになったのは、当然であると、大上段から武家政治の必然性を論じている。必ずしも公正な議論とはいえないが、武家がわからは大喝采をうけるに値する。かれがその属する階級にいかに忠実であったかを示すものと云えよう。

個々の人物に対する批判は峻厳で、容赦はない。後白河法皇・後鳥羽上皇の失徳を説くのは、武家の立場として不思議はないが、武家政治の創始者としての頼朝をはじめ、義時・時頼・尊氏・義満に対しても、痛烈な批判を加えている。かれは、世の推移を天道の計らいによると見、その天道は有徳の人にくみするという、儒教の歴史観を根柢に抱いているから、その見地から為政者の不徳奢侈を非難した。それは実践的な問題として、将軍への戒めのいみをもったのである。かれはまた仏教をきらい、日本歴史に与えた仏教の弊害ばかりをあげるのに急であるが、それは当時の儒学者一般のもった排仏思想をうけついだものであるとともに、仏教の浪費的・奢侈的な面を見のがすことができなかったからであろう。

この外、応仁の乱が継続の問題に原因していることを述べ、国の乱れは継続によるといっているのも、現実当面の問題を顧慮しての立言と見られ、このような現実の訓誡が書中随所にみとめられる。畢竟白石も歴史はそのような現実の用に立たせるべきものと考えたのであって、佐久間洞巌あての書簡に、

本朝には、むかしの実事をも考校し、今日政事の用の心得にもなり候やうのものとては一部もなく候、口惜しき本朝の学文と存候

と、述べていることで、歴史の効用への期待がわかるのである。

『古史通』

次に『古史通』である。この書は正徳六年（享保元年／西紀一七一六）三月、家継将軍のなくなる一月あまり前に脱稿して家継に呈したものであるが、著作の動機は前代の家宣が神代のことなどをよろしきように申しのべよという命を下したからである。そこで、この書は対象がかれの時代とはかかわりのない神代であるから、『読史余論』のような武家擁護の精神をあらわす必要もなく、合理主義を思のままにのばすことができたものと、一般に評価される。けれど、やはり将軍に進呈することを目的としたものであり、また今日の政治の用に立てることを目的とする歴史学でもあるから、根柢に儒教的道徳史観に制約せられ、武家是認の精神を堅持していることは、ほかの書とかわりはない。

かれの神代史解釈の方法の特色は、「通」の提唱である。『古史通』の通は、方法論の一つの立場を示している。その書の凡例によると、通に四つのいみがある。第一は、史料として『古事記』・『旧事紀』・『書紀』などを通じて要をとるといういみ、第二は漢字を用いてある所を古語によって通じて解釈するといういみ、第三は今の言葉をもって古語を解釈するいみ、第四は俗言をもって雅言を解釈するいみである。第二以下の三つは、白石の言語学研究の立場であり、かれは新しい言語学の研究を神代史研究の方法として用いたのである。かれの言語学研究の成果は、語源辞書たる『東雅』として残されたが、その中で、かれは、言語には時代・地域・社会層などにより、変遷相違のあることを指摘し、また文字と言語とを厳格に区別して、漢字は仮りに用いたもので、古語の真義は別にあることなどの創見を示している。かれはこの言語研究の成果をもって神代史を研究し、あらたにそれを構成して四巻の

『古史通』に展開したのである。

有名な「神とは人也」という提説は、この書の巻の一に見えているが、これもかれの語源論に支えられている。わが国では尊ぶ所の人を加美という。古今言葉は同じであるが、漢字を用いて、神、上という区別はできたというのである。神を人と見る考えは、山鹿素行などにもあり、儒学者の合理主義思想の当然達すべき境地である。白石はただそれを大胆率直にのべ、神をめぐるその他の現象にも網羅的に推しおよぼした。高天原を常陸国多珂郡海上の地といい、天浮橋を海に連る戦艦というたぐいであるが、こうした具体的成果になると、全く目もあてられぬ附会となる。そこで今日から見れば、かれの神代史研究の成果に期待はよせられない。加賀の前田綱紀は「本朝古今第一の書、万古の疑を決し候とて謝辞なども候き」と云ったそうだが、疑は何一つ解釈されてはいないのである。

『史　疑』

『古史通』が神代史を扱ったのに対して、下って六国史時代までを対象とした歴史著述として、かれは『史疑』をあらわした。この書は晩年享保八年（西紀一七二三）から着手したもので、『大日本史』にあきたらず、それに対して一家の史風を立てようという考えから思い立った。水戸では、古代史は『日本紀』・『続日本紀』にのみよっているが、それでは真相はわからない、『後漢書』以来の異朝の書物、三韓の書物によいことが見えていると、水戸の史料採用における国粋的傾向を指摘し、外国史料の博い参照を提唱したもので、さすがにすぐれた着眼であった。ただし、実際の執筆はなかなか進まず、翌九年の末に『日本紀』だけの部分を書きおえて、あとの五国史の部分は中止してしまった。でき上った『史疑』は本文二十巻・序例一巻・年表図であるというが、いまその書は伝わらない。ただ立原翠軒の編纂した『白石先生遺文』の中に見える史学上の諸論文が『史疑』の断片かといわれている。

以上の諸書が、白石の著した政治史または一般史であるが、このほかの歴史の各分野にかれの著作は及んだ。経済史とくに貨幣史として『本朝宝貨通用事略』、水路史交通史として『畿内治河記』・『奥羽海運記』、外交史として、また朝鮮使節との国書王号問題の史料的根拠として、『殊号事略』、欧亜諸国との外交の大略をのべた『外国通信事略』・『方策合篇』、歴史地理として『琉球国事略』・『南島志』・『蝦夷志』・『国郡名考』・『五十四郡考』、有職故実《ゆうそくこじつ》として『本朝軍器考』、制度史として『経邦典例』などは、その主なるもので、そのいずれも独自の創見があり、後世に強い影響を及ぼした。

『折焚く柴の記』

最後に有名な『折焚く柴の記』について一言する。これは、かれが失脚して本丸中《なか》の口《くち》の部屋を召上げられた享保元年（西紀一七一六）五月、半月ほどの間に書上げられたものである。幼少から失脚までの自叙伝であり、行文の流暢さと、内容に家宣家継時代の政治上の機微に関する告白を含んでいることとによって、文学的価値とともに史料的価値がたたえられている。

ただし歴史書としては、一方的な主張に偏したものであるから、無条件に高く評価することはできない。それは、かれの政治の正当性の主張であり、政治的勝利の記録であり、また一面では政界からの訣別の辞であり、後世への遺言でもあった。広く史料を集め、公平の見地で書いた歴史ではない。だから客観的歴史の無味乾燥に比べては、直接に白石その人の声をきくような、血肉の通った書物である。広く歴史の流れを思起させる上乗の自叙伝であるというほかはない。

6　国学者の古代研究

国学の意味

近世における史学の研究は、儒学者に対立した国学者によっても行われた。本居宣長によれば、国学はたんに学問というべきであり、少しく限定すれば古学であり、また皇国《みくに》学び、皇朝学ともいうべきである。一言に定義すれば、後世の説にかかわらず、何事も古書によってその本《もと》を考え、日本上代の事を明らかにする学問である。内容的に分ければ、神代巻を旨として道を専ら学ぶ神学㈠、官職・儀式・律令や故実・装束・調度を学ぶ有職の学㈡、六国史を初め後世の史書を学ぶ歴史の学㈢、歌を詠むことと歌集・物語などを解釈することの二つを含んだ文芸の学㈣、となる。これは宣長が寛政十年（西紀一七九八）門人の問に答えて著した国学入門の書『初山踏《ういやまぶみ》』にいうところである。古書によって古代のことを明らかにすることの学問の性格は、儒学における古学派が後世の註釈を排し、直接聖人の書によって聖人の教に達しようとした態度に負うものがある。

つぎに以上の学問の分科が、もっぱらよる所の文献の別によって立てられていることからも、わかるように、国学は文献の学問である。曾て芳賀博士によって、それはドイツの文献学 Philologie に比すべきものとされ、文献学の目的、認識せられたものの認識 Erkenntnis des Erkannten は国学の目的でもあったとされた。ただし、国学は、たんに文献の研究に終る説明学的の面をもつほか、古代精神の発揚、古道の体得という規範学的な性質をもそなえていた。両性質を混淆している所に国学の特色があったが、歴史学への寄与のしかたもこの二つの性質から導かれた。

契沖

国学の歴史において、最初に大きな業績を立てたのは契沖である。かれの主著『万葉代匠記』の初稿本は、貞享の末から元禄の初にかけて書かれ、その精撰本は元禄三年（西紀一六九〇）に出来上った。かれは「此書を証するには此書より先の書を以すべし」といって、典拠のない伝説や独断をもって『万葉集』を解することを排し、あくまで古文献に証を求めて『万葉集』を解釈した。かれの研究は、このほか歌や物語の註釈と語学とに向けられ、とくに歴史を扱ったものはない。けれども古書を解するに古書を以てする原典主義は、方法において史学の重要な基礎を立てたものである。国学の説明学的な性格が、かれによってしっかりと根をおろしたのである。

荷田春満

契沖の文献学的方法を、著書を通して知ったと思われる荷田春満《かだのあずままろ》によって、国学は一科の学として主張せられ、日本の道を明らかにするという規範学的性質が加えられた。かれの学問は多方面で、史書・地誌・歌集・物語等の註釈書を著したが、その学問に対する見解を要約して示したものは国学校創立をとなえた啓文である。この啓文については、古くは偽作説がとなえられたが、今日ではたしかなものと見られている。かれは、この中で儒学・仏教学に対して、日本古典の学を興し、その講究の場所として学校を立てたいという。そして古語に通じなければ古義は明らかでない、古義が明らかでなければ古学はわからないという方法論を提唱するとともに、古学は道の学であり、神皇の教であり、神道であるという実体論をも展開した。かれによって国学の内容は広まり、精神面が深化したのである。

荷田在満

春満の養子在満《ありまろ》は、有職・律令の学にくわしく、元文三年（西紀一七三八）桜町天皇の大《だい》嘗会《じょうえ》のとき幕命をおびて京に上り、その儀式を調べて復命した『大嘗会儀式具釈』、それを要約した『大嘗会便蒙《だいじょうえべんもう》』は、公家儀式の研究書として便利なものである。そのほか、『田令《でんりょう》俗解《ぞくかい》』・『令三辨《りょうさんべん》』・『本朝度制略考』など、律令・制度についての造詣を示した著書がある。

かれの研究は国学の古道主義からはわきにそれたものであるが、史学に寄与した点は大きい。

賀茂真淵

春満についで国学を発展させた人は賀茂真淵である。かれは学者であると共に詩人であり、綿密な実証的研究に耽ると共に、鋭敏な直感力をもって事物の本質を洞察した。古書によって古代を知るという春満の精神を継承発展させ、『万葉集』についての緻密な実証的研究を通してそれを実行したが、それより進んでみずから万葉風の歌を詠み、文を作って、みずからのうちに万葉時代を再現しようと試みた。古代人の思想・生活を知的に探究するに止まらず、みずから古代人になりきって生活しようとした。知的な探究はそうした実践によって完成すると考えたのである。いいかえれば国学の二面性、説明学的性質と規範学的性質とが一人のうちに統一されたのであり、古道の実践を終局の目的とするという国学の性格を決定したことでもあった。

史学に対する真淵の貢献は、せまい意味の歴史事実を明らかにするという方面では、特筆すべきものはない。けれど広い意味の歴史即ち古代の精神や生活を明らかにするという点については、その功績は偉大である。国学は後に発展した段階では、個々の史実を明らかにする考証の方面でも大きな業績をあげたが、はじめは個々の史実よりもその背景にある思想や文化を明らかにするという点で、史学に貢献したのである。いわば、文学・語学・哲学などをその中に含んだ綜合的な古代学として史学に貢献したのである。真淵の著書は、古典の註釈・語学・歌論・古道・有職など多方面にわたって、八十部ほどに及ぶが、史学に寄与する主要なものは、『万葉考』・同『別記』・『延喜式祝詞解《のりとかい》』・『祝詞考』・『冠辞考』などであろう。『万葉集』の成立を考えて、いまの『万葉集』を解体し、六巻の古『万葉集』を想定したこと、祝詞の成立年代を考えたことなど、緻密な研究と鋭い直感の成果であり、『万葉集』と『古今集』の歌の調べの比較から、奈良京と平安京の時代精神を「ますらをぶり」と「たをやめぶり」と規定したのは、時代の変遷を見ぬいた達眼であった。

本居宣長

真淵の晩年の弟子本居宣長は、師の附託をうけて『古事記』の研究に没頭し、国学史上最高の業績『古事記伝』を完成し、国学大成の偉業をなしとげた。『古事記伝』は、宣長がはじめて真淵にあった宝暦十三年（西紀一七六三）のあくる年明和元年のころから着手せられて、寛政十年（西紀一七九八）に完成したもので、三十余年の年月を要したものである。それは『古事記』の精密な註釈である以上に、古代学の百科全書的ないみをもつものであって、みずからも「古学《ふることまなび》の道は此ふみにつくしてん」という意気ごみで著したのである。

『古事記伝』は四十四巻より成り、最初二巻を総論にあてる。巻一では、『古事記』をもって、意《こころ》と事《こと》と言《ことば》とが相応した、最古最上の史書であることを諸方面から論証し、最後に直毘《なおびの》霊《みたま》と題し、天照大神の道を論じ、その道の行われる日本のすぐれたことを強調する。巻二は序文の解釈で、『古事記』成立の事情を詳しく考証する。この総論及び各論の註釈において、われわれは、かれの国学の長所をよく知ることができる。先行の学説にかかわらず、あくまで自主的に古典に対した自由討究の精神、精緻な言語の研究を基にし、文献を丹念にあさり、確実な史料の累積の上に、事を判断しようとする実証主義的精神、論断をいやしくもせず、慎重に結論を出し、不明なことは不明として後に残す謙虚な態度などはそれであり、これはまさに近代的な学問の態度と契合するのである。しかし、かれがそこから進んで、古典に記された事実を歴史上に実際に起った事実と見たことは、重大な誤を犯したものである。のみならず、その事実を規範として、今日の人の守るべき道であると見たのは、学問をこえて信仰の世界に入ったものであって、学問としては惜しい飛躍である。『直毘霊』は古道説としては大切なものであるが、史書としては一顧の価値もない。

このほか、外交史としての『馭戎慨言《ぎよじゆうがいげん》』、暦法史としての『真暦考』、国号の由来を考えた『国号考』、『続日本紀』の宣命を註釈した『歴朝詔詞解』などは、直接歴史に寄与した主要な著書であり、随筆『玉勝間』も、日本歴史の各時代にわたり多方面の問題をとり上げて、歴史研究に貢献している所が多い。

谷川士清

国学の学統からは異端になるが、『日本書紀』の全註釈を完成したという点で、宣長と対比して考えられる人に、谷川士清《たにかわことすが》がある。士清は和漢の学に精通し、神道を究め、仏典にも昧《くら》くなかった。国語の研究では、『和訓栞《わくんのしおり》』の大著をあらわし、国語辞典としての名著とされた。かれは大体十年ほどかかって、『日本書紀』全篇の註釈を完成し、宝暦十二年（西紀一七六二）『日本書紀通証』の名で出版した。『日本書紀』の註釈は、神代巻についてはいろいろ行われていたが、全篇にわたったものは、『釈日本紀』以来無かったから、近世における『書紀』研究の先駆者たる名誉を担うものである。

『日本書紀通証』の特色は、先行諸家の説を博引旁捜し、学説を集大成していること、和漢の書物に出典を探していること、国語学的な解釈の多いこと、事実の考証や解釈にも進歩があることなどに、学問に寄与した功がみとめられるが、かれが垂加神道を信じたため、その一流の精神主義が強く打出されていることは欠点である。賀茂真淵は本居宣長にあてた書簡で、

通証を見候所、神代上下は垂加が門人のよしにて、元来宋学の余流を以て論ぜる也。谷川氏此旧謬を不レ離。皆附会也。空談也。

といい、宣長は、士清への書簡で、

足下著ス所ノ日本紀考証ヲ見レバ則チ宛然儒者ノ言、神道ノ意ニ非ザル也。（原漢文）

と評している。

河村秀根

『日本書紀通証』についで、『書紀』全篇の註釈を行い、いちじるしく近代的な研究態度を示したものに、『書紀集解《しょきしっかい》』がある。この書は、河村秀根その子益根の父子二代六十年にわたる研究の成果であり、印本には天明五年（西紀一七八五）の自序があるが、全篇の完成は文化三年（西紀一八〇六）ころかという。秀根は、その兄秀興とともに、吉見幸和の門に入り、強くその感化をうけた。幸和は名古屋東照宮の祠官の家に生れたが、実証的精神に目ざめて神道を見直し、伊勢神道の経典とせられた『神道五部書』の偽作であることを論破し、その偽作年代までを考証した。かれは神道を天皇の道であるとし、その事実は国史官牒をもって知るべきであり、それを明らかにすることが国学の先務であると主張した。ここに神道的な束縛はなおあるが、確実な史料によって歴史を明らかにするという態度が見られ、塙保己一などと同じく国学中の歴史学派に入れてよい考えが見られる。その後、秀興は公務のために研究からはなれたので、秀根ひとり『書紀』の研究に没頭し、いくつかの稿本を作り、子の益根がさらに修正を加えて『書紀集解』三十巻を完成した。

『書紀集解』の特色は、まず本文の校訂に力を注ぎ、誤字を正し、脱字を補い、また攙入《ざんにゅう》を削ったことである。本文の校訂につとめたことは結構であるが、少し潔癖にすぎて、『書紀』の本註を私記の攙入であるといって、大抵削ったのは、武断に過ぎた失敗である。また

『書紀』の漢文としての文辞を重んじ、その意義を究明するために、出典を詳しく求めた。この漢籍の出典の挙示は、本書の大きな功績である。ただ漢文としての面を重んじて、国語としての面を軽視し、訓註を私記の攙入として削ったのは独断である。『日本書紀』の題号を、本来日本の二字は無かったといって削り、『書紀』とのみ称したのもはなはだしい独断である。このように独断に過ぎた所もあるが、それだけ創意に富み、自由討究の精神が強くみなぎっているのは、本書の長所である。

かれは、自らの学問を紀典学と称し、国学又は和学といわなかった。かれの考えた紀典学は、記録・儀註・政事・職官・輿服・詞語の六科より成る。そして準拠とする書物は、紀六部（六国史）・典十二部（『古事記』・『旧事紀』・『古語拾遺』・『新撰姓氏録』・『万葉集』・律・令・三代格など）を基本とした。そこで河村氏の紀典学は、塙氏の和学と内容の似たものであり、国史・律令・儀式を主要な研究対象とした国学中の歴史学派であったといえる。ただ、秀根は神道に無関心ではなかった。かれは師の幸和をうけて神道即ち歴史と見る観念を抱いていたので、紀典学によって明らかにせられる歴史事実が即ち神道であるとしたのである。この点では塙保己一よりも神道的な思想が強かったといってよい。

平田篤胤

ここで、宣長の門人平田篤胤について論ずる時がきた。篤胤は宣長の高足として国学の正統の継承者となったが、一面では『日本書紀』研究の歴史においても逸することができない人である。国学の正統としての、国語・国文から神道に達する学風に、国史・律令を専攻する歴史学派の学風を取入れ、両者を綜合した学問に成長したのが、国学の後期の発展した形態であった。この幅の広い学問を基盤として、神道的な学問を推進した人が篤胤であり、それに対して歴史学的な学問を追究した人が伴信友《ばんのぶとも》であった。

篤胤の学問は博大であって、和漢仏にわたり、著書は百四十部、数千巻といい、古史・語学・文学・尺度・神道・道教・儒教・仏教・易学・暦学・医学等の分野に及んだ。このことは、かれが宣長学を継承してそれを発展させた一面、それ以外の広い分野に学問をおし弘めたことを物語る。それについての自信を、かれは八家の論によって表明した。八家とは神家・玄家・医家・易家・暦家・兵家・儒家・仏家であり、そのいずれを問うも答うべしといっている。

けれど、かれの学問の中心に立つものは古史、即ち古代史の研究であった。かれは神道を力強く説き、とくに神道的宇宙観をのべて宗教家としてのめざましい活動を行ったが、その神道の裏づけには、『記紀』二典によって再現せられる古代世界の事実についての認識が横たわっていた。古史の研究はかれの学問の根本であり、儒家などの七家はその古代世界の事実を明らかにする補助的なものであった。そして史学史において大切なものも、この古史研究である。

かれの古史についての著書は、『古史成文』・『古史徴』・同『開題記』・『古史伝』である。『古史成文』は文化八年（西紀一八一一）十二月五日から晦日までの間、夜を日についで書上げたもので、『著撰書目』には十五巻とあるが、今伝わるのは神代部三巻である。神代史の所伝には『記紀』等の異説があるので、諸書を参照して筋の通った正しい伝を求め、一個の神代史を構成したものである。かれは、宣長が必要以上に『書紀』を貶《けな》し、『古事記』を尊んだのに反対し、『書紀』にも取るべき所があり、『古事記』にも誤があることを指摘し、両者を公平に扱っている。ただしかような試みは、文献の操作としては意味があるが、いかに正しいと信ずる伝を求めたとて、それを神代の事実と認識することはできない。今日この成果に大きな意義は認められない。『古史徴』は、『古史成文』の出所を一々の古典について記したもの、『古史伝』は『古事記伝』にならった『古史成文』の註釈である。このうち『古史徴』とくにその『開題記』は、古典総論ともいうべきもので、各古典についての文献学的・書誌学的研究をのべたもので、ここには、今日なお傾聴するに足る卓説が見えている。

伴　信友

伴信友は、篤胤と同じく宣長歿後の門人であるが、歴史の研究・考証に没頭し、国学の学問的深みを増すのに貢献した。かれの著書は古典の註釈的研究、史実の考証・叙述などに分かれるが、前者の例に『神名帳考証』・『神社私考』・『高橋氏文考註』があり、後者の例に、『長等《ながら》の山風《やまかぜ》』・『松の藤靡《ふじなみ》』・『残桜記』・『中外経緯伝』の類がある。また随筆としてその学問の特色をよくあらわしたものに『比古婆衣《ひこばえ》』がある。『長等の山風』は大友皇子の即位を考証したもの、『松の藤靡』は鎌足の二子貞慧《じょうえ》と不比等が鎌足の実子でなく、貞慧は孝徳天皇、不比等は天智天皇の落胤であることを考証したもの、『残桜記』はいわゆる後南朝の事実を述べたもの、『中外経緯伝』は上古以来の外交史をのべ、朝鮮役の史料などを集めたものである。

かれの研究態度は、史料を博く漁り、かつ注意深くそれを解釈して結論を出すという考証の大道を進んだものとして、人々に推重せられるが、その結論には賛成できないものがある。かくれた史実を明らかにするとか、弱者に同情するとかいった学者らしい先入感に支配された所があり、史料批判にも不十分のものがあるからである。ともかく、いわゆる国史学は、塙保己一より信友に至って、いよいよ国学中における地位を確にした。それは漢学の分野に発達した史学や考証学と並んで互に助け合いつつ、明治に向かったのである。

このほか、国学者として、古代研究に業績をあげた人に鈴木重胤（『日本書紀伝』・『祝詞講義』）橘守部《もりべ》（『稜威道別《いつのちわき》』・『難古事記伝』・『旧事紀直日《くじきなおび》』）等がある。また清朝考証学の方法を以て、日本の古典を註釈し、金石・度量などに考証を試みた狩谷望之《もちゆき》、同じく考証に得意で、考古学の初めを開いた藤貞幹《とうていかん》なども、史学史の上に逸することができない。

『続史愚抄』

最後に、附けたりとして、江戸時代後期において、個人の力をもって大規模な修史が行われたことと、注目すべき日本歴史時代区画論が発表されたことについて一言しよう。その一つは『続史愚抄』である。この書は、公家の柳原紀光の三十年間にわたる苦心の作である。執筆の動機は、紀光の父光綱が、『三代実録』以後国史の絶えているのを嘆じて、あとをつぐ修史の志を抱いたが、果さずして歿したので、紀光はその遺志をついだのである。ただし、完成したものは、亀山天皇正元元年（西紀一二五九）の十一月から後桃園天皇安永八年（西紀一七七九）の崩御までの八十一冊である。正元元年を始としたのは、それまで『百錬抄』があるので、一応『百錬抄』にゆずったのであろう。体裁は、天皇中心の編年体国史であって、記事は簡単であるが、各条に出典史料の名をあげているのは便利である。前後五百二十年の歴史を叙して、体例に狂いがなく、整然とした史体で一貫しているのは、著者の用意の周到と気力の絶大とを物語る。内容が宮廷中心、京都中心に偏っているとはいえ、その限りでは確実な事実として信用のおけるものが載せられているから、史書としての価値は大きい。

『野　史』

次に飯田忠彦の『野史』である。『野史』は『大日本史』につづく時代、即ち後小松天皇から仁孝天皇までを叙述した紀伝体の歴史である。忠彦は有栖川宮に仕えたので、『野史』も有栖川宮に献ぜられた。かれは、幼少のとき『史記』を読み、後に『大日本史』を読んで、共に感激し、『大日本史』のあとをつぐ志を起したという。

体裁は紀伝体であるが、志表は作らず、本紀と列伝だけである。すべて二百九十一巻である。引用史料は本文の各条下に分註としてのせてある。史書としての出来ばえは、繁簡・詳略よろしきを得ず、文章も冗長鄙朴《じょうちょうひぼく》であり、史料の吟味も厳密でなく俗書を用いているという欠点がある。けれど、一介の処士が独力でこれだけの大著を完成したことは、史学史上の偉観である。前後年を費すこと三十八年、一生の精力をこの書につくしたというが、まさにその努力に対しては、われわれも頭を下げねばならない。著者忠彦は、学究の人であるとともに、熱烈な尊王の志士であり、安政七年（西紀一八六〇）桜田門の変に際し、幕吏の嫌疑をうけたのを憤り、割腹して死んだ。文をもって国恩に報いようという烈々たる尊王の精神から、この書をも著したのである。

『大勢三転考』

次に、時代区画論として見のがし得ない提説は、伊達千広《だてちひろ》の『大勢三転考』（嘉永元年（西紀一八四八）成る）である。千広は紀州藩士であって、寺社奉行・勘定吟味役などを勤めた上級武士である。その学問は、本居大平あたりにうけているらしいが、日本歴史を概観し、大化改新以前を骨《かばね》の代、大化以後鎌倉開府以前を職《つかさ》の代、鎌倉開府以後嘉永元年までを名《みょう》の代と規定した。そこには、歴史の原動力を追究し、それを時代によって異る文化価値と洞察した、すばらしい史眼がうかがわれる。『読史余論』などにヒントを得てはいるであろうが、表面的な政治事象よりも基盤にある社会経済的な事実にメスを加えた態度は、白石よりもはるかにすぐれたものがある。江戸時代も末になれば、専門学者でなくても、これだけの歴史学的考察をなし得る人が生れたのである。

江戸時代二百六十年の昌平と幾多の史家の輩出はむだではない。千広の『大勢三転考』は、江戸時代史学の総決算として、その名をはずかしめないばかりか、やがて来るべき明治の新史学興隆への望み多き期待を示すものとすることができよう。

四　歴史学の成立した時代

1　公私の修史事業

明治維新によって、長い武家専制の政治が廃せられ、近代的な国民国家が組織せられ、西洋文化が全面的に輸入せられるようになって、歴史の学問にも大きな変化が起こった。なによりも、歴史学が一個の学問として独立したことである。江戸時代の歴史研究は、考証の方法などに進歩はあったが、儒教的な鑑戒史観、神道的な神秘主義の束縛から免れることはできなかった。ところが、西洋歴史学の移入は、歴史学をそれみずからの中に目的をもつ一個の独立した科学であることを教えた。歴史の研究は、他の目的に奉仕するために行わるべきでなく、自由の立場で、過去の真実の探究に邁進すべきものであることを教えた。そして、そのための研究法として厳格な史料批判の技術が伝えられ、また専門研究者を養成する施設が設けられた。のみならず、これまで中国・朝鮮・日本の歴史ぐらいしか考えられなかった歴史の領域に、西洋諸国・東洋諸地域の広大な歴史が加えられることになった。また、政治史を中心とする一般通史のほかに、社会経済史・文化史などにも、広い研究分野のあることが教えられた。明治以後の歴史学の発達は、前代に比べれば、全く隔世の感があるといわねばならない。

日本の史学史は、その言葉をげんみつに解すれば、この明治以後の歴史学を説くことで足りるであろう。本書においても、この部分に十分の筆を費さねばならぬが、すでにこれまでの叙述で予定の紙数をこしてしまったので、残念ながら詳説を他日にゆずり、ここでは簡略に、その主なる問題を、公私の修史事業、研究とその施設、史観の変遷の三項にわけてのべよう。

政府の修史事業

明治の修史事業として、第一にあげねばならぬことは、政府の取上げた六国史続編編修の事業である。このことは、維新の事業が緒についたばかりの、明治二年（西紀一八六九）四月四日明治天皇が輔相《ほそう》の三条実美に下した宸翰御沙汰書に見えている。

修史ハ万世不朽ノ大典、祖宗ノ盛挙ナルニ、三代実録以後絶テ続ナキハ、豈《あに》大闕典ニ非スヤ、今ヤ鎌倉已降武門専権ノ弊ヲ革除シ、政務ヲ振興セリ、故ニ史局ヲ開キ、祖宗ノ芳躅《ほうたく》ヲ継キ、大ニ文教ヲ天下ニ施サント欲シ、総裁ノ職ニ任ス、須《すべから》ク速ニ君臣名分ノ誼ヲ正シ、華夷内外ノ辨ヲ明ニシ、以テ天下ノ綱常ヲ扶植セヨ。

ここには、新政府の修史に対する大きな期待が示されているが、その具体的な方策はそれにそうものではなかったらしい。これより先、この年三月、史料編輯国史校正局が、東京九段の旧和学講談所におかれたが、それを昌平校、ついで大学校に移して、塙保己一が編纂した塙『史料』を修正増補することを当面の任務とした。ところが国史校正局は間もなく廃止せられ、明治五年十月、太政官正院に歴史・地誌の二課がおかれ、新政府の修史事業はここで行われることになった。そして、ここの事業は塙『史料』の修正だけでなく、嘉永以来の国史の編修とか皇族の系図の調査とかいう、当面喫緊のものを含んでいた。明治八年、歴史課は修史局と改められ、十年また修史館となった。修史局または修史館で編修した歴史として、完成したものに、慶応三年十月十四日の慶喜の大政奉還から明治元年十月二十八日の熾仁《たるひと》親王の錦旗節刀奉還までの編年史料である『復古記』二百九十八巻、慶応三年十月から明治十五年十二月までの明治政府の編年史である『明治史要』十六巻などがあった。一方、編年史料と編年史との編修も行ったので、そのためには西洋の歴史編修の方法を参考しようとして、イギリスにいた末松謙澄《すえまつけんちょう》を介して、その地の史家ゼルフィーに、『史学（The Science of History）』一篇を草してもらい、これを日本にもたらし、中村正直・嵯峨正作に翻訳させた（明治二十年翻訳完了）。アカデミックな西洋の史学が日本に紹介されたはじめであろう。

一方、修史館は本格的な史料の採訪を全国にわたって試みることとし、十八年には重野安繹《しげのやすつぐ》が関東一円を、十九年には久米邦武《くめくにたけ》が九州一円を、星野恒《ほしのひさし》が近畿を巡歴して、それぞれ多数の文書・記録を採集した。この採訪によって、新史料が発見され、これまで不明であった史実の明らかにされたものがすくなくない。『史徴墨宝』及びその考証は、それら新発見の古文書をえらんで出版したものである。

十九年、内閣制度の実施によって、修史館は廃止となり、あらたに臨時修史局が内閣におかれたが、二十一年この仕事は帝国大学に移管され、臨時編年史編纂掛の名で行われることになった。これまで太政官、または内閣で行われたこの事業が、帝国大学に移されたのは、その翌年から文科大学に開設された国史科の設置と密接な関係にある。大学において日本歴史を講究する学科を設ける必要はこのころ痛切に感ぜられたが、それには修史局の局員や収蔵史料を利用するのを便としたからである。けれど、修史局のがわにあっても、政治の中枢をはなれて大学に籍を移したことが、学問の純粋性を保ち、事業の継続を保証し、編纂員の補充をする上などにおいて、好都合であったことを見のがし得ない。

修史局の帝国大学移管によって、重野・久米・星野の三博士は文科大学教授に任じて、臨時編年史編纂委員となり、重野博士が委員長となった。編纂掛では学生への授業用史書として、二十三年十月『稿本国史眼』を出版した。この本は、開闢より明治二十二年憲法発布までを二十一紀に区画し、各紀を主要な史的事象によって名づけ、更に全体を二百二十五章にわけ、各章を事件中心にまとめたもので、従来の編年風の史体をやめ、西洋のいわゆる文明史流の書法を模したものである。

二十四年、臨時編年史編纂掛は、地誌編纂掛を併せて、史誌編纂掛と改称されたが、二十五年久米博士の筆禍事件から、累は掛全体に及び、二十六年一旦史誌編纂掛は廃止の運命にあった。これは久米博士のみならず、重野博士等が古文書記録に証を求めることに熱心なあまり、その証の求められない史実、児島高徳、桜井の別れ、日蓮の龍の口の法難などを虚構として抹殺したことに対する反撃、漢文をもって書こうとせられる大日本編年史への疑問など、政府の修史に対する不満の累積した輿論の力であった。

史料編纂所

しかし二十八（西紀一八九五）年四月、事業は文科大学に史料編纂掛を設けることによって復活した。その構想は、これまでの編年史を書くことをやめ、ただ史料を編纂するということであった。国史の編修は主観を自由に働かすことのできる個人にまかせればよい。ただ史料の蒐集は個人ではできない。官府はその蒐集した史料を編纂して学者の利用に供すべきであるというのである。それは編纂委員三上参次博士が浜尾総長・外山文科大学長らと議《はか》った結果であるという。

史料編纂掛の事業は、これで純化せられ、編纂のできた稿本は出版することになった。明治三十四年、『大日本史料』第六編之一、第十二編之一、『大日本古文書』第一の三冊が印刷せられ、長い史料出版の事業は始まったのである。

この後、三十八年史料編纂官等の官制ができ、大正十三（西紀一九二四）年にはその増員が行われ、昭和四（西紀一九二九）年には史料編纂所と改称され、第二次世界大戦後、昭和二十五年東京大学附置の研究所となって、教授・助教授等の教官がおかれた等の制度上の変革はあるが、史料の編纂・出版の大目的は旧と変りはない。その出版した史料集は、昭和三十三年三月末で、『大日本史料』二百十三冊、『大日本古文書』百二十三冊、『大日本古記録』二十冊、『大日本近世史料』十六冊に及んでいる。

『大日本史料』は六国史の後につづく編年史料で、宇多天皇の即位、仁和三年八月から、慶応三年十月大政奉還までを、十六の時代に分け、各時代について、編年的に正確な史料を細大もらさず載せ、それに応ずる綱文を掲記したものである。『大日本古文書』は、古文書を所蔵者別、又は編年順（奈良時代及び幕末外国関係）に編纂したもので、前者が史料を剪載整理しているのに対し、これは史料を原文通りに示したものである。両者相まって、研究者に便利な史料を提供しようとするものである。『大日本古記録』は、各時代の日記を原文のまま載録し、『大日本近世史料』は、近世にはとくに史料が多いので、『大日本史料』や『大日本古文書』にのせられない、まとまった史料を原文のまま載録したもので、この二つは、戦後の学界の新しい要望を参酌して出版したものである。

このような出版のほか、編纂のさいの副産物で、学界に有益と思われる各種の出版を大正以来行った。『史林聚芳《しりんしゅうほう》』・『古簡集影』・『史料綜覧』・『古文書時代鑑』・『読史備要』・『豊太閤真蹟集』などは、それである。

以上、史料編纂所の沿革の大要であるが、明治の初め政府の企図した修史事業が、幾多の曲折を経たとはいえ、今日まで九十年の間継続し、なお将来も末永く続くであろうことは、学界の慶事としなければならない。明治二十六年の挫折によって、修史の大目的は史料編纂に変質したが、これは賢明な転身であったと考える。明治二年にのべられたような精神で国史を編修しようとすれば、事業の復活はむずかしかったであろうし、よしんば復活して史書を書いたとしても、それは今日の学界の批判に堪えるものではあるまい。史料なればこそ、なおこんにちの用に立つのである。

このことは、第二次世界大戦中、文部省の企図した国史編修事業の経過を見れば明瞭である。文部省は、大戦中国史教育の刷新をとなえて、みずからの手で『国史概説』を編纂出版したが、更に一歩を進めて、独立の官庁を設け、大規模な国史を編修しようとした。大学の史料編纂が客観主義の殻にこもり、激化する時局に処する精神涵養の根拠としての歴史を修していないという不満が一つの理由であった。こうして国史編修院は発足した。けれど、時はもう空襲のはげしい時であり、何一つ仕事を行わないで終戦となり、やがて官制廃止となって、空に消えた。政府が国史を修することの運命のはかなさを、私は身をもって体験したのである。

史料編纂所は、その良心的な史料集の出版と、長期間たえず蒐集せられた尨大な史料の蔵儲とをもって、明治以来今日まで、わが史学界に貢献した所は、はかり知りがたいが、そのほかに更に一つ大切な功績をつけ加えねばならない。それは史学者の養成という一事である。明治から大正にかけて活躍した国史学者の多くは、みずからが史料編纂所の所員であるか、または所員であった人に教えをうけたのである。国史学者養成の本山としての意義は、軽視することができないと思う。

維新史料編纂会

政府の修史事業のいま一つに、維新史料の編纂がある。明治維新の事績を後世に伝えるため、その史料を蒐集保存しようとする試みは、早くより行われたが、明治四十三年（西紀一九一〇）、山県有朋・大山巌・松方正義・井上馨・土方久元・田中光顕らの協議の結果、維新史料蒐集保存の議を明治天皇に奏上し、その許しを得て彰明会を設け、維新史料編纂のことを始めた。四十四年これを国家事業とすることとなり、文部大臣管轄のもとに維新史料編纂会を設け、編纂事務局を文部省内においた。

維新史料編纂の体裁は、『大日本史料』の体裁にならい、編年的に綱文を立て、関係史料を網羅するものであるが、近い時代であるため利害関係のなお存続するものがあり、この挙が薩長出身の人々によって行われることに対する佐幕派の反感もあり、史料の蒐集が完全に行われないうらみがあった。対象とした期間は、弘化三年（西紀一八四六）二月の孝明天皇の践祚から、明治四年七月の廃藩置県までの二十五年六カ月である。昭和六年（西紀一九三一）をもって『維新史料稿本』の初稿四千百八十冊を得、引続き修訂を加え、昭和十三年に編纂を打ちきったが、稿本総数四千二百十五冊であった。そして、一部の出版は昭和十二年からはじめられた。『史料稿本』の形を伝えた『大日本維新史料』十九冊、綱文ばかりを抜書した『維新史料綱要』十冊のほか、維新史の概要を書きおろした『概観維新史』一冊・『維新史』六冊・『維新史料聚芳』二冊等がその出版物である。そして昭和十七年編纂会は廃止され、蒐集史料は史料編纂所に移管された。

『古事類苑』

次に『古事類苑』である。この書は、明治十二年（西紀一八七九）文部大書記官西村茂樹が建議して、日本に類聚の書の乏しいのは、方今文運興隆のときの欠陥とし、その編纂を主唱したことにより、ただちに文部省で編纂に着手したのに始まる。後、主管のところは東京学士会院・皇典講究所・神宮司庁と変遷したが、明治四十年一応編纂を了え、大正三年（西紀一九一四）三月印刷を完了した。すべて三十五年を要したのである。これは、『大日本史料』が年次によって史料を排列したのに対し、事項によって史料を排列したものであって、その事項の立て方は、中国の『太平御覧』・『淵鑑類函《えんかんるいかん》』、日本の『和漢三才図会』を折衷し、天・歳時・地・神祇・帝王・官位など三十部となっている。その文献は太古から慶応三年（西紀一八六七）までをおさめている。いわば歴史百科全書である。何か特定の事物の沿革を調べようとするには便利な書物であり、明治の初めこの企図を立案したことはたしかに適切なことであった。川田剛・佐藤誠実《のぶざね》・松本愛重《あいじゅう》などの人々がこれに関与した。

諸官庁の修史

編年史の編纂、『古事類苑』の編纂などの事業でも察せられる通り、明治政府は初めから歴史編修への強い意欲を示した。明治の新政は、封建旧弊の政治を打破し、開国進取の国是によったけれども、根柢に王政復古の理念を堅持した。そして歴史を常にかえりみた。政府各官庁においても、その所管事務について沿革を考え、歴史を調べることが、さかんに行われた。その成果はいろいろの書物となって残され、いま貴重な歴史上の文献であるものがすくなくない。一々説明をするいとまはないから、印刷されたおもなものの名称だけを列挙しよう（年次は出版のときをあげる）。

元老院　旧典類纂皇位継承篇（明治十一年）　旧典類纂田制篇（明治十六年）
大蔵省　大日本貨幣史（明治九年十年）　同参考（明治十年〜十六年）　大日本租税志（明治十五年〜十八年）　日本財政経済史料（明治十九年）　吹塵録（明治二十三年）　同余録（明治二十三年）
司法省　憲法志料（明治十年）　徳川禁令考（明治十二年〜十六年）　同後聚（明治十六年）
外務省　外交志稿（明治十七年）
文部省　日本教育史資料（明治十六年）
農商務省　大日本農史（明治二十四年）
逓信省　駅逓《えきてい》志稿（明治十五年）
陸軍省　陸軍歴史（明治二十二年）
海軍省　海軍歴史（明治二十二年）

以上は、明治の初め、政府が歴史編修にいかに熱心であったかを示すものであるが、その後になっても、政府の修史は各分野にわたって行われた。その若干の例をあげれば、孝明天皇の実録は宮内省において明治二十四年（西紀一八九一）より編修に着手し、同三十八年脱稿し、少部数印刷せられた。明治天皇の実録は、宮内省に設けられた臨時帝室編修局で編修せられ、昭和八年（西紀一九三三）完成し、続いてこれを公刊するための編修委員会が設けられ、一応完成したときいている。農林省では、全国の林制史資料の蒐集編纂を行い、昭和四年から八年にかけ、『日本林制史資料』三十冊を刊行した。外務省でも、外交文書の編纂出版を行い、幕末大政奉還からの外交文書を編年的に収録した『大日本外交文書』（戦後『日本外交文書』と改称）を出版し、いまに継続している（昭和三十二年までに六十五冊刊行）。

旧藩華族の修史

政府の修史熱に呼応して、旧藩華族などでも、その歴史の編修が盛行した。印刷公表せられた成果の主なものに、『南紀徳川史』（紀州藩慶長七年（西紀一六〇二）から明治四年（西紀一八七一）までの歴史）・『水戸藩史料』（嘉永六年（西紀一八五三）から明治四年まで）・『加賀藩史料』（天文七年（西紀一五三八）から明治四年まで）・『加賀藩史稿』（前田利家その他家臣の伝記）・『肥後藩国事史料』（嘉永六年から明治四年まで）・『防長回天史』（嘉永六年から明治四年までの毛利藩の歴史）・『島津久光公実紀』などがある。

ほかに府・県・郡・市・町・村は、大正のころからそれぞれその歴史を編修したが、それらの中には第二次大戦後になって、さらに新しい歴史を編修している所が少くない。また神社・寺院・学校・会社なども、それぞれ自己の歴史を編修している。明治・大正から昭和にかけて修史のさかんなことは、まさに前古にその比がない。これ全く昭代文運の栄えによるが、とくに一般の歴史意識の向上、歴史研究の盛行によるものと云わねばならぬ。

2 史学の研究とその施設

明治以後の史学の興隆は、西洋の史学研究法をとり入れて、史料の批判や解釈に格別の注意を払ったこと、日本のみならず、西洋・東洋の歴史にも視野をひろげたことなどに、集中的にあらわれているが、そうした研究を指導したもの、またそうした研究者を養成したものとして、大学における史学の研究とその施設の役割を重視しなければならない。明治以後における本格的な史学の研究は、みな大学の史学研究に淵源しているといっても過言ではない。

明治の大学制度は、そもそもの初めにさかのぼれば、明治二年（西紀一八六九）昌平学校を大学校とし、開成学校・兵学校・医学校をその分局としたことに見られるが、これは永続しなかったので、真に整った組織をもち、後世に連続したものとしては、明治十年に設立された東京大学を初めとするのが穏当である。この東京大学は、法学・理学・文学・医学の四学部に分かれ、文学部には第一科として史学哲学及び政治学科、第二科として和漢文学科がおかれた。ここに初めて史学科という学科がおかれたが、これは不幸にして明治十二年に廃止せられ、理財学科にかえられてしまった。廃止の理由は、史学の必要が認められないというのではなく、日本における史学は、欧米学校の史学とちがい、独り欧米の史学のみでなく、日本・中国・印度・東洋各国の歴史をも講究しなければならぬので、教授にその人を得がたく、これを学ぼうとする生徒も少いということにあった。史学科は廃せられたが、学科目としての史学は、その前後より行われており、内容はみな西洋の各国歴史であった。だから、それは当時としても史学の理想とする所とは遠いものであるが、教官が西洋人であるという関係から、そうならざるを得ない事情にあったのである。そして、日本の歴史、中国の歴史などは、和漢文学科や、明治十五年に一時設けられた古典講習科で教授せられた。ただし、それは古風の国学・漢学の流をくむものであり、新しい史学とは内容的にも一線を画するものであったのである。

帝国大学の史学科及び国史科

この史学と国史との不思議な別居は、明治十九年（西紀一八八六）東京大学が帝国大学となり、二十年その文科大学に史学科がおかれ、ドイツ人ルードウィヒ・リースが招かれて教授となり、さらに二十二年国史科がおかれるようになって、内容的には解消した。学科としては、史学科・国史科と分かれていたが、教科目は多く共通し、リースの指導は両学科に及び、新しい西洋の史学が両学科において確実に根をおろしたからである。これを促進したものは、同じく二十二年結成せられた史学会である。史学会は、リースのすすめにより、前年内閣から大学に移った修史局の人々や史学科学生などが中心となって起こした学会であって、会長は重野安繹博士であった。史学会最初の会合で、重野博士が、「今此会ヲ開クハ、従来史局ニ於テ採集セシ材料ニ依リ、西洋歴史攷究《こうきゅう》ノ法ヲ参用シテ、我ガ国史ノ事蹟ヲ考証シ、或ハ之ヲ編成シテ、国家ヲ裨益セント欲スルナリ」と述べているのは、新しい史学研究法と国史との提携を示すものである。

リースはベルリン大学で歴史学を修め、とくにランケの薫陶をうけた。学位論文は英国の中世史に関するものであったが、どちらかといえば綜合的な学風をもち、草創時代のわが史学の指導者として適任であったという。ともかく、かれがランケ一流の正統派ドイツ史学を日本に伝えたことは、わが史学研究の性格を決定した重要事であった。ランケの「ありしがまゝ」の歴史の研究及び叙述は、すなおにわが修史局の史学者に受入れられ、証を必ず史料に求めた考証主義も、もとより共鳴するところであったのである。

いま『史学雑誌』初期の論説を見ると、重野安繹、「史学ニ従事スル者ハ其心至公至平ナラザルベカラズ」（第一号）、星野恒、「史学攷究歴史編纂ハ材料ヲ精択スベキ説」（第一号）、菅政友、「太平記ノ謬妄遺漏多キ事ヲ辯《べん》ス」（第三号）、久米邦武、「太平記は史学に益なし」（第十七号）、同「勧懲の旧習を洗ふて歴史を見よ」（第十九号）、などと、教訓主義との訣別、考証主義の堅持に向かって、高らかな進軍ラッパを奏するの概がある。史学新興の意気まことに盛なりというべきである。同じく『史学雑誌』第三号にのせられた高津鍬三郎の文章に「我国古来の学科にして近来最も其体面を改めたる者は史学なるべし」「西洋学術の開くるに随ひ、史学の目的も一変して歴史の体裁も一変するに至れり、」とあるのは、恐らく誇大の言ではなかろう。

日本人で、リースと共に史学科初期の教授となった人は坪井九馬三《くめぞう》博士である。博士は明治二十年史学修業のためにヨーロッパに留学し、ベルリン・プラーグ・ウィーン・チューリッヒ等の諸大学に学んで、二十四年帰朝し、直ちに教授となった。その学識は博く、西洋史の諸領域に及んだが、やはりランケの学風をうけるものであった。明治三十五年リースの帰国によって、後任の教授となった箕作元八《みつくりげんぱち》博士も、ドイツに留学し、ドイツ史学の精髄を学んだ人である。坪井・箕作の両教授は、明治から大正にかけて、わが西洋史学界最高の学者であったが、ここでもドイツ正統派史学の学風が堅持せられたのである。

東洋史・西洋史の分化

日本史・西洋史のほかに、東洋史という領域の開けたことも、明治の史学興隆の一つの現象である。中国の歴史についての関心は、古代から通じて学者の間にあったけれど、それを根本史料について研究し、かつ中国本土から周辺におしひろげ、広く東洋諸地域の歴史を対象とすることは、明治にはじまった。東洋史という名は、明治二十七年（西紀一八九四）那珂通世博士が中等学校歴史科の教授要目を立案したときにはじめて用いられたが、大学の学科名として立てられたのは、ずっとおくれて明治四十四年であった。しかし、白鳥庫吉博士の蒙古・西域に関する世界的な諸研究は、すでに明治三十年から始まっている。東洋史学の実質的な成立は、日清戦争で、国民の目が大陸に注がれた機運を反映して、その前後にあったといってよい。

以上述べたように、明治の新史学は、まず東京の帝国大学に起こったが、やがて帝国大学が京都その他に設けられ、私立大学が文学部に史学科をおくようになって、このアカデミズム史学は広く各地に伝播することになった。今日においては、各府県の新制大学が、それぞれ史学専攻のコースをおいており、研究施設の整い、研究者のふえたこと、一々述べるいとまはない。

古文書学

ここで、話題をかえ、明治の史学興隆は、関連諸学科との提携によって進歩した面のあることを述べておきたい。たとえば古文書学である。古文書についての研究は、江戸時代以来すでにかなりに行われたが、西洋の古文書学を取入れて、日本古文書学を学問としてうちたてたのは、明治に入ってからである。坪井九馬三博士が西洋の古文書学を紹介したのに始まり、黒板勝美博士は『日本古文書様式論』を著して学位を得、史料編纂掛で蒐集した尨大な古文書を材料として研究を重ね、日本古文書学の基礎をきずいた。つづいてその門下の俊秀によって、古文書学の組織は精緻をきわめてきた。史学の研究に、古文書の研究は不可欠の要素であるとして、大学の国史科の教科目にも、明治二十五年（西紀一八九二）以来古文書学が加えられている。明治の中葉、臨時編年史編纂掛の諸先生によって展開された華かな史論が、証をひとえに古文書にあおいだものであったことも忘れられない。史学と古文書学とは互に助け合って、進歩の道を進んだのである。

考古学

次には考古学である。古碑・古物に関する研究は、江戸時代の考証学者によって若干行われたが、先史・原史の時代にわたる考古学研究の端緒の開かれたのは、やはり東京大学であった。明治十年（西紀一八七七）東京大学雇教師米人モールスが東京の大森貝塚を発掘したのが、日本における遺蹟の科学的な発掘のはじめであり、考古学の誕生であった。モールスの学問に刺戟をうけた坪井正五郎博士は動物学から人類学に進み、明治十七年東京人類学会を起こし、十九年からその会報として『人類学会報告』を発行した。ついで、かれはイギリスに留学して、人類学を修め、帰朝後理科大学で人類学の講義を開いた。これらの日の人類学の内容は、いわゆる考古学の分野を中に多分に含むものであり、人類学と考古学と、相まって発展の道を進んだ。考古学の研究を目的とした学会、考古学会は、明治二十八年に、坪井正五郎・三宅米吉らを中心として設けられたが、先に設立された人類学会の分身ともいうべきものであった。またこの会の幹部に、帝室博物館に勤務した人が多かった関係もあって、明治時代の考古学は東京の帝国大学と博物館とを中心として発達した。

大正に入ると、京都帝国大学文学部に考古学講座が新設され、日本の考古学発達の重大転機となった。この講座を担当したのは浜田耕作博士である。かれは東京帝大の文科大学史学科を出たが、イギリスに留学して考古学研究法を学び、帰朝して京大教授に任じ、考古学を講じた。そして各地の遺跡を発掘して、研究報告を逐次公刊し、科学的な発掘処理のいかにあるべきか、遺物の整理をいかにすべきかなどを、世に伝えた。一方大正の初年から六年間つづいて行われた宮崎県西都原《さいとばる》古墳群の発掘が、古墳研究への大きな飛躍台となったことも見のがせない。

そして、第二次世界大戦後、在来の古代史の抹殺、科学的歴史の提唱の声に応じて、考古学への一般の期待がとみに高まったことは、あまねく人の知る通りである。

地理学

つぎに地理学である。地理の知識がなければ歴史事実の理解が十分に行われないことは、古来からの常識であって、江戸幕府が歴史の編修と並んで、地誌の編纂を行い、大学の編年史編纂掛に内務省の地誌編纂掛が合併して史誌編纂掛となったことなどは、前に述べた通りである。西洋の史学研究においても地理学を重んじた。国史科設置についてリースの提出した意見書は、史学科・国史科において研修すべき学科として、古文書学・貨幣学・印章学・系図学などをあげているが、その一つとして地理学をあげ、とくに具体的に「日本ノ史学的地理学ハ、日本太古ノ知リ得ヘキ彊界《きょうかい》及政治上ノ区画及爾後ノ彊界及区画ノ沿革、其名称、及普通地理、並ニ従前日本ノ所属タリシ土地ノ区画名称等ヲ指教ス」とある。そしてこのころの教授科目には、史学科で史学及地理学何時間、国史科で国史及地理何時間というように、史学と地理学とを合せて一科目として取扱っている。それはまた二十六年（西紀一八九三）に決定した講座制の名称にもあらわれて、史学科の講座は史学地理学講座とせられ（国史科は国語学国文学国史講座に入る）、これは後年この中から西洋史学講座、東洋史学講座を析出したあとにも残って、今日まで東京大学に史学地理学講座の名をとどめている。

制度上に、こうした取扱のあると共に、研究の上においても、地理の比重は大きかった。試みに初期の『史学雑誌』を見ると、久米邦武、「日本幅員の沿革」、白鳥庫吉、「歴史と地誌との関係」、高津鍬三郎、「日本歴史地図を製《つく》るの必要を論じて臨時編年史掛の諸先生に望む」、神谷道一、「編史ハ地理ヲ等閑ニスヘカラス」、中山再次郎、「日本武尊東征地理考」などの、地理に関した論文を見ることができる。明治三十二年、日本歴史地理研究会（後に日本歴史地理学会と改称）が組織せられ、雑誌『歴史地理』を発行して、古蹟、地勢の変遷、古今の地理上の知識、政治地理などを、研究綱目に掲げたことにも、地理重視の風潮を知ることができる。吉田東伍博士の超人的な名著『大日本地名辞書』が刊行されたのも、こうした学界を背景にして可能であったのであろう。

明治三十九年開設せられた京都帝国大学の文科大学では、講座は史学地理学講座とせられ、史学科内に国史・東洋史・西洋史・考古学と並んで地理学専攻の科目をおいた。史学と地理学との関係は、東京帝国大学以上に制度的に関連させせられたのである。したがって、京大を中心として、あげられた歴史地理上の業績はすくなくない。

3　史観の変遷

文明史体

ドイツ史学が大学に移植せられ、アカデミズムの史学が根を下ろすはるか以前に、民間には英米の新史学が伝わり、史学革新ののろしをあげていた。いわゆる文明史体の歴史の出現であり、これを担った人は福沢諭吉と田口卯吉であった。

福沢諭吉は明治八年（西紀一八七五）に『文明論之概略』を著し、これまでの歴史書は、王室の系図を詮索するか、君相有司の得失を論ずるか、戦争の勝敗を記した講釈師の軍談に類するものであって、政府の歴史ではあるが、国の歴史ではない、この国の歴史がないというのは、一大欠典であると述べている。また、文明発達の程度に応じて野蛮・半開・文明の三段階があり、わが国はその半開の段階にあること、日本の文明の特質として権力が偏在し、人民は国事に関せず、政府は交替しても国勢はかわらないこと、国民は独立の心がなく他に依頼することを考え、宗教も学問も独自の権がなく、文明の発達に寄与していないことなどの意見を示している。ギゾーやバックルの文明史、スペンサーの社会理論などの知識を基として、旧史学の欠陥をつき、新史学が世界史的な視野から国の文明発達の有様を述べるものでなければならぬことを唱えたものであるが、まだその根柢とする事実の認識に粗雑なところのあるのを免れなかった。

明治十年から十五年にかけて出版された田口卯吉の『日本開化小史』は、この点において一歩を進め、文明史体の史書としてより高い地位を占めるものである。かれは、むかしの歴史が面前にあらわれた事件をそのままに記載し、いかなる事情で起こったかについて注意を欠いていること、それは年表ではあるが歴史ではないという認識に立ち、この書では、原因結果の関係を明らかにし、社会の進化に一定の理論のあることを示そうとした。同時に社会機構の基礎となるものは貨財であり、社会の発達は貨財の発達にまたねばならぬから、社会の歴史の研究及び叙述については、これらの外界とか貨財とかの条件を無視してはならないとした。この社会進化の法則の認識と、社会の物質的基礎の尊重とは、『開化小史』を貫いている新史観であって、全くこれまでの歴史の思いも及ばぬ新しい境地の開拓をいみしたのである。それは封建の陋習《ろうしゅう》を打破し、文明開化の新風を国内に高揚しようとした啓蒙思想家とぴったり結びついた歴史観であり、荒削りではあるが、大局を把握した、新鮮な思想のいぶきを感じさせられるのである。

アカデミズム史学

文明史家が大ざっぱに、これまでの歴史を歴史でないとこきおろしている一方、帝国大学によって、ドイツ史学を教えられた旧修史局の諸先生は、これまでの歴史の名教主義に向かって主たる攻撃を加えた。それもとくに『大日本史』を目標とするものであった。重野博士らのいわゆる抹殺主義は、もっぱら『大日本史』において特筆せられた忠臣の事績に向けられたものであるが、そのほかの多くの小研究も、『大日本史』の誤を正すいみにおいてせられたものが多かった。そのころ最も権威のある史書であるから、研究の手段として、それを目標としたともいえるが、意識的に名教主義を排するために、その大結集たる『大日本史』を克服しようとした意気が察せられるのである。

ただし、これらの人は名教のために史筆を曲げることを嫌ったけれども、正しい歴史が名教の役に立つことを拒むものではなかった。むしろ積極的に、歴史の真実を明らかにして、国家の役に立てようという意欲にもえるものであった。重野博士が、『史学雑誌』に出した「史学ニ従事スル者ハ其心至公至平ナラザルベカラズ」の論文に対し、その国家観念を疑った投書があったので、筆を呵《か》して、国家を愛する情において人後に落ちるものでないことを循々と説いていることは、それを物語る。神道者から痛烈な攻撃をうけ、そのために大学教授の職を追われた久米博士の、「神道は祭天の古俗」という論文も、冒頭に日本の国体のすぐれたこと、君臣の情義のうるわしいことを述べ、いささかも国家主義に反するような態度を示していないのである。

久米博士の筆禍事件は、しかし、深刻な影響を史学界に及ぼした。それを契機として大学の史誌編纂掛は廃せられ、久米・重野の両博士は相ついで大学を去った。復活した史料編纂掛は、掛員の規約として、世上の物議を招くような論説考証を公にせぬこと、掛中の史料は一切他に漏らさぬことなどをきめた。大学の一時の花やかな活動は全く影をひそめて、沈黙の時代となったのである。

明治四十四年（西紀一九一一）国定教科書の南北朝の取扱に端を発して、南北朝正閏の論議が起り、ついに政治問題化し、天皇の勅裁を仰いで事を決した。日本史の研究が、学問外の力によって自由を奪われるようになる勢いが、だんだんと進んだのである。

アカデミズムの史学が、筆禍を恐れて、瑣事の考証に沈潜している間、民間では文明史体の流れをくむジャーナリズムの史学が流行した。民友社に拠った徳富蘇峯・竹越与三郎・山路愛山などの史論がそれである。文明史体が明治啓蒙期にあらわれた封建打破・四民平等の自由民権論者の歴史とすれば、このジャーナリズム史学は、明治の二十年代にふさわしい、藩閥打倒・国権振張の声をかかげた新興ブルジョアの史観であったといえよう。これらはいずれも、なまなましい現実からわり出された、生きた史観である。毎日の生活と結びついた歴史である。史論に精彩があり、深く読者を動かすものがあったことは当然である。ただ専門の学者から見れば、史実の認定に過ちがあり、史料の吟味が不確だという非難をまぬかれることはできない。客観的情勢が推移すれば、やがてその史論も色あせるという盛衰のはげしさを味わわねばならなかった。蘇峯はこの後、大正の末から昭和にかけ、『近世日本国民史』の大著を出したけれども、時代がかわり、著者の立場もかわり、且つ史料主義にわずらわされたような所もあり、往年の迫力の見られないのは残念であった。

アカデミズムの史学にも、時とともに新風は起こった。中田薫博士は東大法学部によって、比較法制史的な視野から日本法制史についての卓越した研究をこころみ、内田銀蔵博士は京都帝大によって、日本経済史の基礎の確立に開拓者的な情熱を注いだ。また、人としては大学と関係がなく興ったものの、その研究においてアカデミックな性格をもち、高い学問的境地に達したものに、津田左右吉博士の国民思想史、『記紀』の原典批判などの研究、柳田國男氏の日本民俗学の樹立などがある。この二つはあるいみにおいて、明治初期以来の民間史学の発達の一面が到達した極みであるとも云えよう。

文化史観

しかし、大正年間になって、アカデミズムにも、民間にも、おしなべて歴史の新風として現れたものとして、文化史の流行をあげなければならぬ。これはランプレヒトの文化史観、その文化段階説、新カント学派の歴史哲学などの紹介に端を発したものであるが、政治史偏重、考証万能の従来の行き方に対するアカデミズムの深刻な反省が、これをさかんにしたものといえよう。そして民間でもこれに呼応したのは、第一次世界大戦後の文化尊重熱と合致するものがあったからである。

社会経済史観

文化史によって歴史の対象は、拡大され、綜合された。その勢いに乗じてつぎには社会経済史が重要な対象として焦点にもち来たされるようになった。これは資本主義の諸困難がようやく現れ、社会問題や経済組織について人々の関心が高まった現実がアカデミズムにも反映したものであり、本庄栄治郎博士を中心とする京都帝大経済学部にその研究はもっともさかんであった。

これと共に、マルクスの唯物史観も実践的な左翼思想家に取り上げられ、若い研究者の心をひくようになった。そして、昭和の初めころから、明治維新の性格の解釈をめぐって、マルクス主義の立場から、さかんな論争が行われた。

皇国史観

もともと明治政府は、日本史の教育をもって国民教育の重要な要素とし、これに国体観念の確立、国民思想涵養の任務を負わせた。従ってその大目的にそう史実を強調し、それに反する史実をかくす傾きがあった。学者は、これを応用史学といい、純正史学と応用史学とはおのずから別であるとして、学的良心を納得させた。たとえば『日本書紀』の紀年の不正確は那珂博士以来学界の認める所であるが、初等中等の教育では神武紀元を正しいもののように教えたのである。この処置は、明治から大正をへ、昭和の初め頃まで、難なく行われた。けれど、満洲事変の前後から、政府は強圧的に学問・思想の統制にのり出した。文部省が『国体の本義』を出して、神話を歴史事実の如く解釈することを強要するようになって、歴史は神がかりしてしまった。学者の自由な研究は学問上でもさし控えねばならぬようになった。アカデミズムの多くの学者は、神秘的な皇国史観が日本人としての唯一の歴史観でなければならぬと高唱した。

第二次世界大戦の敗北によって、この勢いは一ぺんにくつがえった。皇国史観は姿を消し、古代史は神話から解放され、神武紀元は無視されることになった。この改革は連合国の占領政策として実施されたものであり、一般には大きな驚きを与えたが、専門史学者にはさほどの衝撃をいみしなかった。なぜならば学問的にはいずれも承認ずみのものばかりであり、いわゆる明治の応用史学、戦前戦中の皇国史観が是正されたに止まるからである。

マルクス主義史観

学問的に戦後に起こった新しい現象としては、歴史の経済的解釈の流行である。それにともなうマルクシズム歴史学の興隆である。戦後、すべての希望を失い、ただ物質的に生きることばかりを念願した人々にとって、救いの学問は経済学であった。経済学の盛行は必然的に歴史の経済的解釈を呼び起こした。それと共に、連合国が敗戦日本に課した至高の要請たる民主主義の実行は、歴史にむかって、これまでの支配者中心でなく、被支配者たる多数の民衆を対象としなければならぬとするのであった。マルクス主義の歴史学は、このような事情で、史学界の王座についたのである。

マルクス主義歴史学は、その性格として実践と深いつながりをもつ。問題の設定は新鮮であり、議論の進め方は煽動的である。戦後の疲弊した国民大衆の不満の声にじかに通ずるものがある。若い、理想にもえた学生たちの心をとらえることは大きかったのである。

しかし、マルクス主義も、歴史学の万能薬ではない。それは歴史の経済的解釈にすぎないのである。最近になって、マルクス主義史学者の間からも、その方法論の不備をみとめる説が出されている。マルクス主義が、広い世界史的な視野から、歴史の発展に一つの法則性が考えられるという示唆を与え、また経済現象とそのほかの諸現象との深い関連を分析綜合した功績は高く評価されるが、あまりに経済的解釈にばかりこだわる史学界も、このあたりで再考すべき時に来ているのではあるまいか。史学が経済学に従属しているような醜体は、そろそろやめなければなるまい。いつの時代も、史学はその学問的独立をかちとることに骨折ってきた。いまもまた史学独立の必要があると、私が思うのは、ひが目であろうか。

主要参考文献

＊〔　〕内は編集部による補いを示す。

著書

平田篤胤『古史徴開題記』（『平田篤胤全集』及び岩波文庫〔山田孝雄校訂、一九三六年〕所収）
津田左右吉『日本古典の研究』上・下〔岩波書店〕昭和二三・二五〔一九四八・五〇〕年〔のち『津田左右吉全集』第一巻・第二巻、岩波書店、一九六三年〕
武田祐吉『古事記研究　帝紀攷』〔青磁社〕昭和一九〔一九四四〕年
同『古事記説話群の研究』〔明治書院〕昭和二九〔一九五四〕年
倉野憲司『古事記の研究』〔下伊那国文研究会編、下伊那国文研究会〕昭和一七〔一九四二〕年
西田長男『日本古典の史的研究』〔理想社〕昭和三一〔一九五六〕年〔のち『神道研究選集』第五巻、クレス出版、二〇一四年〕
平田俊春『日本古典の成立の研究』〔日本書院〕昭和三四〔一九五九〕年
平凡社編『古事記大成』〔全八冊〕昭和三一―三三〔一九五六―五八〕年〔のち『古事記総索引　補遺』、一九七七年を加える〕
史学会編『本邦史学史論叢』上・下〔冨山房〕昭和一四〔一九三九〕年
坂本太郎『日本古代史の基礎的研究』上「文献篇」〔東京大学出版会〕昭和三九〔一九六四〕年
久松潜一編『日本文学史』六冊〔至文堂〕昭和三〇―三五〔一九五五―六〇〕年〔のち改訂新版、

一九六四年、さらに「総説年表」一冊を加えて新版、一九七一年、増補新版、一九七七年）
清原貞雄『増訂 日本史学史』（中文館書店）昭和一九（一九四四）年
内藤虎次郎『支那史学史』（弘文堂）昭和二四（一九四九）年（のち『内藤湖南全集』第一一巻、筑摩書房、一九六九年、さらに全二冊、平凡社（東洋文庫）、一九九二年）
桃 裕行『上代学制の研究』（目黒書店（畝傍史学叢書））昭和二二（一九四七）年（のち『桃裕行著作集』第一巻、思文閣出版、一九九四年）
藤岡作太郎『国文学全史 平安朝篇』（東京開成館）明治三八（一九〇五）年（のち全二冊、秋山虔ほか校注、平凡社（東洋文庫）、一九七一―七四年）
同『鎌倉室町時代文学史』（『東圃遺稿』巻三、大倉書店）大正四（一九一五）年（のち『藤岡作太郎著作集』第二冊、岩波書店、一九四九年）
松村博司『栄花物語の研究』（正篇、刀江書院）昭和三一（一九五六）年（のち風間書房、一九九二年）
山中 裕『歴史物語成立序説（――源氏物語・栄花物語を中心として）』（東京大学出版会）昭和三七（一九六二）年
和田英松『本朝書籍目録考証』（明治書院）昭和一一（一九三六）年（のちパルトス社、一九九〇年）
同『国史説苑』（明治書院）昭和一四（一九三九）年
村岡典嗣『増訂 日本思想史研究』（岩波書店）昭和一五（一九四〇）年
八代国治『吾妻鏡の研究』（吉川弘文館）大正二（一九一三）年（のち藝林社、一九七六年）
星野 恒『史学叢説』第一集（冨山房）明治四二（一九〇九）年
山田孝雄『（国語史料鎌倉時代之部）平家物語につきての研究』三巻（国語調査委員会編、国定教

科書共同販売所〕明治四四〔一九一一〕年〔前編「平家物語考」、一九一一年、後編「平家物語の語法」上・下、一九一四年〕〔のち『平家物語考』勉誠社、一九六八年、『平家物語の語法』上・下、宝文館、一九五四年〕
後藤丹治『戦記物語の研究』〔筑波書店〕昭和一一〔一九三六〕年〔のち改訂増補、磯部甲陽堂、一九四四年〕
山田孝雄『神皇正統記述義』〔民友社〕昭和七〔一九三二〕年
斯文会編〔徳川公継宗七十年祝賀記念会編〕『近世日本の儒学〔――徳川公継宗七十年祝賀記念〕』〔岩波書店〕昭和一四〔一九三九〕年
清原貞雄『国学発達史』〔大鐙閣〕昭和二〔一九二七〕年〔のち国書刊行会、一九八一年〕
野村八良『国学全史』上・下〔関書院〕昭和三・四〔一九二八・二九〕年〔のち『日本人物情報大系』第四四巻、皓星社、二〇〇〇年〕
村岡典嗣『本居宣長』〔岩波書店〕昭和三〔一九二八〕年〔のち増補版、全二冊、前田勉校訂、平凡社〔東洋文庫〕、二〇〇六年〕
大久保利謙『日本近代史学史』〔白揚社〔日本歴史文庫〕〕昭和一五〔一九四〇〕年
歴史教育研究会編『明治以後に於ける歴史学の発達』〔四海書房〕昭和八〔一九三三〕年
宮崎道生『新井白石の研究』〔吉川弘文館〕昭和三三〔一九五八〕年〔のち増訂版、一九六九年〕

論　文

藤田安蔵「日本紀略」〔『史学雑誌』五ノ一一〔一八九四年一一月〕〕
喜田貞吉「水鏡と扶桑略記、水鏡の価値を論ず」〔『史学雑誌』一四ノ二〔一九〇三年二月〕〕〔のち『歴史物語』第二巻、日本文学研究資料刊行会編、有精堂出版、一九七三年〕

西岡虎之助「大鏡の著作年代と其著者」（『史学雑誌』三八ノ七〔一九二七年七月〕）（のち『日本文学における生活史の研究』東京大学出版会、一九五四年）
山中武雄「将門記の成立に就いて」（『史学雑誌』四六ノ一〇〔一九三五年一〇月〕）（のち林陸朗編『論集 平将門研究』現代思潮社、一九七五年）
山口康助「今鏡作者攷」（『国語と国文学』昭和二七〔一九五二〕年六月〔第二九巻第六号〕）（のち『歴史物語』第二巻、日本文学研究資料刊行会編、有精堂出版、一九七三年）
高木　武「平家物語と源平盛衰記」（『国語と国文学』昭和八〔一九三三〕年一〇月〔第一〇巻第一〇号〕）

解説

五味文彦

本書の第一の特徴は、日本の歴史を史家たちがいかに眺め、どんな態度で書いたのかを、古代から現代にいたるまで書き記したところにある。このことがいかに大変であるかは、これ以前にも、以後にも、同様の本が現れていないことから見てもわかるであろう。どうして著者にこれが可能であったのか。そのことは著者の経歴を見ると自ずとわかる。

一九〇一年に静岡県浜松市に生まれた著者は、二三年に東京帝国大学文学部国史学科に入学して古代史を学ぶなか、二六年に東山御文庫取調掛となった。二九年には筑波侯爵家の研究調査を行い、『国史大系』編纂の業務に関わり、『日本紀略』『釈日本紀』『日本逸史』『続史愚抄』の校正にあたるなど、古代から近世にかけての歴史書を広く調査・研究したことが大きい。

さらに一九三五年に東京帝国大学文学部助教授となって、その二年後に『大化の改新の研究』により文学博士の学位を取得したことで、古代の歴史書研究の第一人者になった。続いて三八年に史料編纂官になって、『大日本史料』第一篇の編纂に従事し、歴史書の編修に実際にあたったのである。

日本の歴史を古代から現代まで見通し、史書・史料の編纂に関わったことにより、本書が編まれたわけである。今の日本の歴史研究者は時代別に分かれ、さらに分野別にも分かれてしまっているため、こうした書を著せなくなっている。

第二の特徴として、文章がわかりやすいことがあげられる。「日本の修史と史学」という書名からすると、小難しいかのように思うであろうが、著者は次のように書いてわかりやすさに心がけた。

この本は、専門家に見ていただくものではなく、広く一般の読書人に、気らくに読んでいただくために書いたものです。ですから、できるだけ、わかり易く書くことにつとめました。(三―四頁)

実際、すらすら読め、わかりやすい。歴史書特有の文章を、わかりやすく説明するのは至難であるが、それをやってのけている。人によっては一気に読了するに違いない。かといって内容を落としているわけでは決してなく、含蓄のある表現が処々に認められる。著者は「専門家に見ていただくものではなく」と記しているが、むしろ専門家にこそ読んで欲しいものだ。歴史を研究することの意義を見失っている研究者が多い今日この頃だけに、この点を痛感する。

第三の特徴は、古代の史書をしっかり書き込んでいること。津田左右吉の解釈を『大化の改新の研究』で批判して以来、『日本古代史の基礎的研究　文献篇』（東京大学出版会、一九六四年）にまとめた、六国史や史籍の制度史研究の成果によるものである。

著者は、一九四五年の敗戦直後におきた平泉澄の辞任、中村孝也の定年退官、板沢武雄の教職追放など相次ぐ混乱のなか、教授になると、その実証的学風で歴史学の再建と振興を目指した。関晃・井上光貞・平野邦雄・土田直鎮・青木和夫・笹山晴生・早川庄八・吉田孝らの戦後古代史の第一線で活躍する研究者を育て、彼らを組織して『日本書紀』の注釈書を『日本古典文学大系』として刊行し（岩波書店、一九六五・六七年）、また本書をも出版したのである。

さて、本書では古代を「政府が歴史を編修した時代」として捉え、「『帝紀』と『旧辞』」から始めて、『古事記』については稗田阿礼とのかかわりから記し、「『日本書紀』の立場」を考察し、その『日本書紀』にはじまる政府による国史編修の「六国史」を見渡す。

さらにこの時代の歴史の学問の在り方を、菅原道真らの歴史へのかかわり方から触れ、「国史断絶」をもって古代の記述を終えるのであるが、その具体的内容に関しては、じっくり読んで欲しい。ここでは筆者が読んで気づいた点をいくつか記そう。

著者は自叙伝『古代史の道――考証史学六十年』（読売新聞社、一九八〇年）で、「考証史学」と自称しているように、その考証の精神から「恩師」の説をも批判しているのが興味深い。『日本書紀』の編者を、「恩師黒板勝美博士」が劉知幾の『史通』を見て史体の検討を重ねたであろうと見た説について、「着眼はおもしろいが、事実としては疑わしい」（三〇頁）と退けている。

歴史書の性格について、比較を通じて説明している点も興味深い。たとえば六国史のうちの『続日本後紀』と『日本後紀』とを比較し、「『続日本後紀』は、『日本後紀』に比べると、大へんきめがこまかい。『後紀』に男性的な太い精神がつらぬいているとすると、『続後紀』には女性的なやさしい心づかいが隅々にまで行きとどいている」（四四頁）と記している。

歴史の編修に関わった人物評には著者の鋭い目が光る。菅原道真が『類聚国史』を編修したことを「厳格に原典主義をとった」点で高く評価し、「原典第一主義・歴史主義に徹した態度」を「近代的な学問の香りさえうかがえる」（五五―五六頁）と評し、その見識をたたえるかたわら、道真と同時代の三善清行を対蹠的にとらえる。

清行は朝廷に上程した『革命勘文』において、中国の緯書に沿って辛酉革命・甲子革令の説を述べ、辛酉・甲子の年には必ず変事の起きたことを語り、辛酉の年には用心しなければならないと論じた。これに対し、著者は緯書について、歴史の歩みが一つの法則にしたがっていることを暗示した新学説である、と指摘したうえで、清行の方法を「清行はこの法則をふりかざし、日本歴史をかえりみて、史実を探し、わりあてて、いまの政治の指針としたのである」と捉え、「これは何とはなばなしい、当座の役に立った、歴史学の応用であろう」（五七―五八頁）と評している。

そのうえで両者を比較し、「一は史料整備の基礎的作業」、「一は歴史理論の政治への適用」であり、こんにちの史学研究における対蹠的態度が千年前にすでに見られ、「私は興味ふかくながめるのである」（五八頁）と述べている。

＊

以上、三つの特徴を指摘したが、この特徴に導かれながら中世以後について見てゆこう。著者は中世を「物語風歴史と宗教的史論の時代」として捉え、歴史書を二つに分類する。一つは古代の官撰史書の代わりに現れた『日本紀略』『本朝世紀』と同じように、体裁も内容も六国史に模した流れをくむ歴史、もう一つは物語の手法を歴史叙述に入れた物語風歴史である。

まず物語風歴史の書として『栄花物語』以下から語ってゆく。中世の歴史書といえば『吾妻鏡』がすぐ思い浮かぶのだが、これは中世の最後に記される。六国史と『吾妻鏡』を結ぶ間の時期を考え、配したのであろうが、その『吾妻鏡』の評価は低く、分量も少ない。これに対して物語風歴史の書には、『栄花物語』『大鏡』『今鏡』『水鏡』『増鏡』などをあげ詳しく触れ、それらの特徴を叙述している。中世の史書の特徴を物語風歴史の書に見たのである。

続いて「宗教的な史論」をも中世の歴史書の特色と捉え、慈円の『愚管抄』の概略を記した後、その史観を「歴史の推移を当然の理法によるものと考えた」（九八頁）と指摘し、経世論や、時運循環の説などに言及し、慈円の史論の全体像を明らかにしている。

次に中世に多く著された「新しい歴史文学」である軍記物語に言及する。厳密には歴史書とはいえず、歴史風物語とでもいうべきである、とその性格をおさえつつ、多くの不備はあっても、「根本の意図は歴史的関心にあり、歴史事実なり歴史的環境なりをひとに伝えようという意志にもとづいて」おり、「背景にある思想や世相は確な事実であり、また物語として人心の機微を表現する力（…）は、物語風歴史と同じである」（一〇四頁）とこれへの評価は高い。

『将門記』『陸奥話記』以下、『太平記』『梅松論』まで詳しく記しているが、このように文学的要素の濃い作品を重視しているところに、著者の柔軟な歴史を見つめる目、見識の高さがうかがえる。

意表をつかれるのが、続いて「神道説と史論」を立項したことで、『釈日本紀』や伊勢神道にも言及している。これは北畠親房の『神皇正統記』を考える前提として言及したものである。その『神皇正統記』をこれまでになく平田俊春・山田孝雄らの研究業績を引き、縷々指摘をした後、次のように断言している。

要するに、本書は歴史の形をかりた政治論であり、帝王学の教科書である。ここから確実詳密な歴史事実をくみ取ることはできない。（一三〇頁）

文学的な歴史物語への態度とは違い、まことに厳しい評価を下しているが、これが著者の真骨頂である。かくして中世の最後に「正統的な史書」として『吾妻鏡』『百錬抄』『六代勝事記』『五代帝王物語』『元亨釈書』『善隣国宝記』について語る。

その『吾妻鏡』については、六国史と比較して欠点を記し始めるなど、評価は低い。それでもその史観を、歴史の展開は神の意志によるものであり、神は人の進む道を教え、それに従う時には人は栄え、従わない時には衰えるという観念である、と指摘した点は従来にないところである。なお、その後に著者が著した『史書を読む』(中央公論社、一九八一年、のち吉川弘文館、二〇一三年)では、『吾妻鏡』に詳しく触れているので読まれたい。『吾妻鏡』に比べて評価が高いのが虎関師錬《こかんしれん》の『元亨釈書』である。「対象は局限せられているとはいえ、史体の上ではもっとも本格的と称してよい史書として、『元亨釈書』のことを述べねばならぬ」(一三八頁)と語り、師錬の業績と『元亨釈書』の特徴を記している。

中世の史書の最後は、瑞谿周鳳《ずいけいしゅうほう》が文正元年(一四六六)に著した『善隣国宝記』であって、「日本中心の史観を表明している」(一四三頁)と評価しているが、その後は、他に言及することはなく、江戸時代に入ってゆく。

この点について、先述の『史書を読む』では、戦乱の絶え間ない時代であって『明徳記』『応仁記』などもあるが、これまでに挙げた史書と比較して、「粒が小さいという感じがする」といい、割愛して「一足跳びに江戸時代に入ろう」(同書、一八二頁)と記している。本書が著された頃には、戦国期の研究が進んでいなかった影響もあろう。

江戸時代については、その時代像を「古代以来外国から受入れたいろいろの文化を、よくわが物に消化して、日本独自の文化を作り上げた過程であることに、大きな特色をもつが、それは学問の分野において、もっとも鮮かにあらわれた」（一四五頁）と描いて、「歴史の学問的研究の芽ばえた時代」として論述してゆく。

＊

まず幕府の歴史編纂事業を、幕末まで詳細に記してゆき、続いて藩による編纂事業として水戸藩の『大日本史』を語った後、歴史の学問的研究に携わった人々に関して、初期の儒学者にはじまり、新井白石、国学者の順で詳しく語ってゆく。縦軸に近世の史書の編修を、横軸に史学に携わる人々の動きを配し、すっきり全体像をまとめて筆を進める。ここにも著者の見通しの鋭さが光る。

徳川家康が学問の興隆を図るなかで登用された林羅山は、将軍家光から寛永十八年（一六四一）に諸侯や旗本の系図の編纂を命じられ、それを二年かけて完成させると、翌正保元年（一六四四）に国史の編修を命じられ、神武天皇から宇多天皇までの歴史を編修した『本朝編年録』を完成させた。

しかし明暦の大火でそれらが焼けてしまい、文庫も焼けて和漢の書も焼失し、羅山は悲観のあまりに亡くなるが、やっと羅山の後継者の林家によって寛文十年（一六七〇）に『本朝通鑑』が完成した。神代から戦国期の後陽成天皇までの通史を記したもので、「その形式・

内容の整備していることにおいて、さすがに近世初頭の学芸復興の勢にそむかないものである」（一五〇頁）と高く評価するとともに、この難事業の推移を記す。

著者自らが歴史編修に関わっていただけに、国史の編修をいかに立ち上げ、史料をいかに集め、いかなる方法で叙述すればよいかなど、その難しさをよく知っていたからこそ、その苦労を共感をこめつつ記している。

次に幕府自体の歴史についての史書編修について記してゆく。寛永十八年（一六四一）に編纂が命じられた『寛永諸家系図伝』が同二十年に完成し、五代綱吉の時代に始まった『武徳大成記』が成ったことで、家康の代の史書が貞享三年（一六八六）に、秀忠の代の史書『東武実録』も貞享元年に完成する。さらに時代が降って、江戸時代後期の家斉の時代には、幕藩体制の危機や学問の各派が競い起こる情勢から、改めて歴史の編修が行われるようになったとして編纂事業を見てゆく。

まず系図の編纂が寛政十一年（一七九九）に起筆され、文化九年（一八一二）に『寛政重修諸家譜』として完成し、和学講談所による『史料』編纂事業が塙保己一の発意で始まって、保己一の努力により、六国史につぐ時代の『史料』の編纂が行われ、『宇多天皇事記』『醍醐天皇事記』『朱雀天皇事記』を幕府に献上した。保己一が亡くなって、門人が継承するが、幕末騒乱の世となって、幕府の関心も薄らぎ、後一条天皇の万寿元年まで史料を集めたところで事業が終了した。

あわせて四百三十冊になったこの事業を著者は高く評価する。その「編年的に年月日にかけて、関係史料を採録し、綱文を提挙する方法」（一六七頁）が、明治以後の国の史料編纂事業につながるものであって、学問を重んじた幕府伝統の政策を辱しめないものであったと、その学問的寄与を重視した。

これに対して幕府が編纂に直接にあたった『徳川実紀』への評価は低い。次のように断言する。

（保己一の）主観を交えない、純粋客観の態度においてなされたことは、『徳川実紀』などの、ひとりよがりの自己讃美に終った歴史とは、同日に論ずることはできないものがある。（一六八頁）

評価の低い『徳川実紀』に続いて『続徳川実紀』、『朝野旧聞裒藁《ちょうやきゅうぶんほうこう》』についても記し、室町将軍の実録として編まれた『後鑑』にも触れた後、この幕府が関連する修史事業に続けて、諸藩の修史事業に記述は及ぶ。

その代表的なものとして水戸藩の『大日本史』に関し、「編修出版の経過」「『本朝通鑑』との関係」「三大特筆」「史体」「史料」「書名」などの小見出しを立てて詳しく触れた後、その問題点を、「事実よりは名分を重んじ、考証の精緻よりは、体裁の整斉を重んずる史学である。名分を重んずることも大事であるが、それを事実の認識より優位におくときは史学の生命は失われる」（一八六頁）と厳しく批判している。ここからさらに著者は歴史学への考えを次のように披瀝する。

　瑣々たる事実の考証はつまらないようだが、これをつまらないとする精神は大切な事実の認識をおろそかにする精神に通ずるものがある。（同頁）

　公的な修史事業を概観した後には、著名な学者の業績に説明を加えて史学の変遷を追う。林羅山から山鹿素行、山崎闇斎、栗山潜鋒《せんぽう》、三宅観瀾《かんらん》らに触れた後、新井白石については「近世史学史における最高峰」（一九八頁）と評し、その著書『藩翰譜』『読史余論』『古史通』『史疑』『折焚く柴の記』の特色を記す。

　さらに「国学者の古代研究」と題し、「方法において史学の重要な基礎を立てた」（二〇九頁）契沖に始まって、荷田春満《かだのあずままろ》・在満《ありまろ》、賀茂真淵、本居宣長、谷川士清《たにかわことすが》、河村秀根、平田篤胤、伴信友らの多くの学者を取り上げ、その学問の特色を記している。

たとえば真淵については、「せまい意味の歴史事実を明らかにするという方面では、特筆すべきものはない」（二一一頁）としつつも、古代の歴史、古代の精神や生活を明らかにする点での功績は偉大である、と評している。

　宣長については、確実な史料の累積の上に事を判断しようとする実証主義的精神などを高く評価するが、古典に記された事実を歴史上に実際に起こった事実と見て、その事実を規範として、今日の人の守るべき道であると見たことに関しては、史学の観点から「学問としては惜しい飛躍である」（二一三頁）と、厳しい。

＊

近代については「歴史学の成立した時代」と題し、まず政府による修史事業の変遷をみてゆく。六国史続編の編修事業を開始したが、編修体制が次々と変わるとともに、編修方針も変わってゆき、明治二十八年（一八九五）には事業が文科大学に移管され、史料編纂掛が設けられると、編年史を書くことをやめ、史料の編纂のみをすることになった。これが現在の東京大学史料編纂所の前身である。

明治維新史料の編纂も行われたものの、昭和十三年（一九三八）に打ち切られ、出版物と蒐集史料は史料編纂所に移管された。このほか歴史百科全書ともいうべき『古事類苑』の編纂が文部省で始まり、明治四十年（一九〇七）に完了したこと、元老院や大蔵省以下の官庁も修史事業を行い、旧華族も行って出版へと至ったことを記す。

他方、西洋から史学研究法を取り入れて、大学に史学科が設けられるようになり、日本史・西洋史の研究が行われ、そこから領域が東洋史へと広がり、古文書学・考古学・地理学などの学問分野が成長し、歴史学研究を先導するようになったが、そうした歴史を考察する上での史観の変遷を、「文明史体」「アカデミズム史学」「文化史観」「社会経済史観」「皇国史観」「マルクス主義史観」の順で記し、最後に次の文章で締めている。

いつの時代も、史学はその学問的独立をかちとることに骨折ってきた。いまもまた史学独立の必要があると、私が思うのは、ひが目であろうか。（二四九頁）

本書であえて結論を求めるとすれば、この一文が相当しよう。ここに本書の第四の特徴として、時代の動きに沿いつつ一貫した姿勢により修史と史学の在り方を明らかにした点があげられる。

さて最後に本書の続編を書くのにはどんな作業が必要か、考えてみよう。古代・中世の歴史書の解説書『国史大系書目解題』上（坂本太郎・黒板昌夫編）・下（皆川完一・山本信吉編）（吉川弘文館、一九七一・二〇〇一年）をしっかり読んで、その成果を吸収すること、著者が言及しなかった戦国期の歴史書や、水戸藩以外の諸藩の歴史書を考察することなどが、最低限求められる。

さらに本書が出版された後に多く刊行された地方自治体史、『明治天皇紀』『大正天皇実録』『昭和天皇実録』などの近代天皇の歴史、マルクス主義以後の史論の動向などに触れるならば万全である。

（日本史、東京大学名誉教授）

ワ　行

ハ　行

ナ　行

タ　行

サ　行

カ 行

書名索引

・本書に登場する書名および書名に準じるものを、50音順に掲げる。なお「主要参考文献」、「解説」は対象としなかった。
・一つの書物に対し複数の書名がある場合には、子項目として示した。
・書物の作者、編者については本書で明示されているもののみ、（　）で付記した。

ア　行

本書の原本『日本の修史と史学』は、一九五八年に至文堂から日本歴史新書の一冊として刊行され、一九六六年に増補版が刊行されました。本書は増補版を底本とし、『坂本太郎著作集』第五巻「修史と史学」（吉川弘文館、一九八九年）を参照しました。原則として原本を可能な限り尊重する方針に則っていますが、今日における読みやすさに配慮して、旧字は新字に改め、引用などの体裁を整理・統一したほか、書名に『　』を付しています。

「講談社学術文庫」の刊行に当たって

これは、学術をポケットに入れることをモットーとして生まれた文庫である。学術は少年の心を養い、成年の心を満たす。その学術がポケットにはいる形で、万人のものになることは、生涯教育をうたう現代の理想である。

こうした考え方は、学術を巨大な城のように見る世間の常識に反するかもしれない。また、一部の人たちからは、学術の権威をおとすものと非難されるかもしれない。しかし、それはいずれも学術の新しい在り方を解しないものといわざるをえない。

学術は、まず魔術への挑戦から始まった。やがて、いわゆる常識をつぎつぎに改めていった。学術の権威は、幾百年、幾千年にわたる、苦しい戦いの成果である。こうしてきずきあげられた城が、一見して近づきがたいものにうつるのは、そのためである。しかし、学術の権威を、その形の上だけで判断してはならない。その生成のあとをかえりみれば、その根は常に人々の生活の中にあった。学術が大きな力たりうるのはそのためであって、生活をはなれた学術は、どこにもない。

開かれた社会といわれる現代にとって、これはまったく自明である。生活と学術との間に、もし距離があるとすれば、何をおいてもこれを埋めねばならない。もしこの距離が形の上の迷信からきているとすれば、その迷信をうち破らねばならぬ。

学術文庫は、内外の迷信を打破し、学術のために新しい天地をひらく意図をもって生まれた。文庫という小さい形と、学術という壮大な城とが、完全に両立するためには、なおいくらかの時を必要とするであろう。しかし、学術をポケットにした社会が、人間の生活にとってより豊かな社会であることは、たしかである。そうした社会の実現のために、文庫の世界に新しいジャンルを加えることができれば幸いである。

一九七六年六月

野間省一

坂本太郎（さかもと　たろう）

1901-87年。東京帝国大学文学部国史学科卒業。東京帝国大学大学院を満期退学。文学博士。東京大学教授，東京大学史料編纂所長，國學院大学教授を歴任。東京大学名誉教授。主な著書に『上代駅制の研究』，『大化改新の研究』，『日本古代史の基礎的研究』（全2巻），『六国史』，『史書を読む』，『坂本太郎著作集』（全12巻）など。

講談社学術文庫

定価はカバーに表示してあります。

日本《にほん》の修史《しゅうし》と史学《しがく》
歴史書《れきししょ》の歴史《れきし》

坂本太郎《さかもとたろう》

2020年８月６日　第１刷発行

発行者　渡瀬昌彦
発行所　株式会社講談社
東京都文京区音羽2-12-21 〒112-8001
電話　編集（03）5395-3512
販売（03）5395-4415
業務（03）5395-3615
装　幀　蟹江征治
印　刷　豊国印刷株式会社
製　本　株式会社国宝社
本文データ制作　講談社デジタル製作

ISBN978-4-06-520646-1